Ma Mamie Rose

L' histoire de ma régénération

Owen Kildare

Writat

Cette édition parue en 2024

ISBN : 9789359942261

Publié par
Writat
email : info@writat.com

Contenu

Owen Kildare.

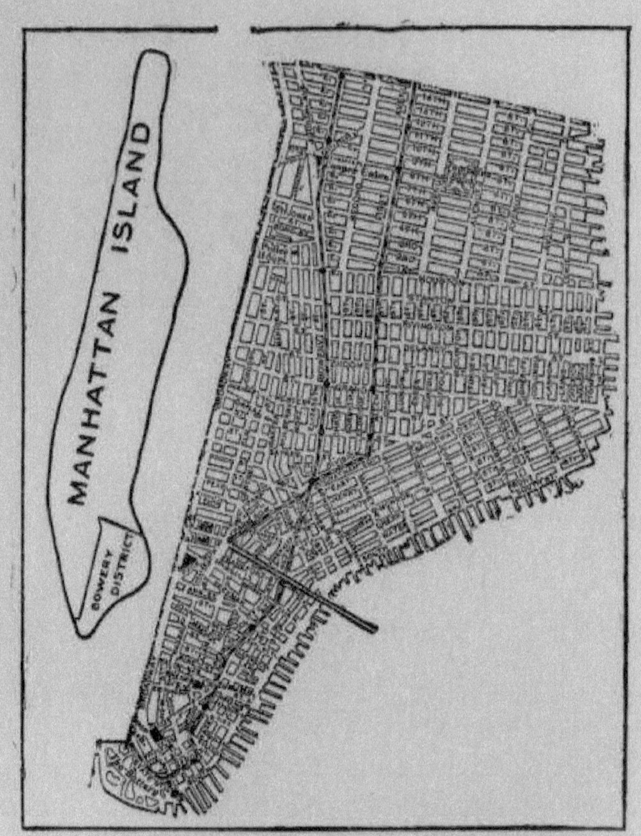

MAP OF THE BOWERY DISTRICT.

The map on the left shows how small a fraction of Manhattan Island (only a small part of New York City in itself) this world-famous district is. In this small section, called by Mr. Kildare "The Highway of the Foolish," he was born and lived, until he was thirty. Rarely did he leave it. In fact, he states that a large percentage of the people who are born here go through life with the very vaguest ideas of the world beyond—many living and dying without ever having passed north of 14th Street and West of Broadway. It is a strange world of strange people who live only from day to day and unto their daily needs.

Carte du district de Bowery

CHAPITRE I.

L'ENFANT DE L'IMMEUBLE.

De nombreux hommes ont raconté l'histoire de leur vie. Je vais vous dire le mien. Non pas parce que moi, comme eux, j'ai fait des choses grandes et importantes, mais à cause du miracle qui m'a transformé.

Si les vies peuvent être mesurées par le progrès, la mienne peut vous intéresser. Lorsqu'un homme de trente ans ne sait ni lire ni écrire la phrase la plus simple, et que huit ans plus tard, il est capable de gagner sa vie grâce à sa plume, son histoire vaut peut-être la peine d'être racontée.

Mais avant de commencer à raconter comment mon ambition s'est éveillée, permettez-moi de préciser sans équivoque ma position. Je ne suis pas un self-made-man, n'ayant contribué qu'à un tout petit peu à son élaboration. Un self-made-man peut se retourner vers le chemin parcouru et montrer avec fierté les monuments de ses réalisations. Je ne peux pas faire ça. Je n'ai aucune trace de grandes actions accomplies. Je suis un homme, né d'une condition morale malheureuse et transformé en une vie dans laquelle chaque atome n'a qu'un seul message : « Efforcez-vous, luttez et croyez », et je serais l'hypocrite le plus sournois si je niais ce que je ressens en moi. une satisfaction de pouvoir répondre à l'appel avec toute l'énergie possible de l'âme et du corps. J'ai peu d'utilité pour un homme qui dissimule ses capacités sous une fausse modestie. La conscience d'un homme est le meilleur baromètre de ses capacités, et celui qui prétend ne pas croire en ses capacités est soit un menteur, soit il a une arrière-pensée.

Même si j'ai encore peu accompli, j'ai confiance en moi et en mes capacités, car mes objectifs sont tout à fait raisonnables. Je regrette que dans mon récit la première personne du singulier soit autant mise en évidence, mais il ne peut en être autrement. Chaque fait, chaque incident évoqué a été vécu par moi ; la disgrâce et la gloire, la misère et le bonheur font tous partie de ma vie, et je ne peux les séparer de moi-même. Je sais que vous ne me croirez pas et je suis prêt à être confronté à vos critiques qui, pour des raisons évidentes, ne seront pas dirigées contre ma diction, l'élégance de mon style et ma qualité littéraire. Je ne suis pas un auteur. Je n'ai qu'une histoire à raconter et tout le reste vous appartient.

Il n'y avait rien de remarquable dans ma petite enfance. La plupart des garçons des cités vivent ou ont vécu la même expérience.

La maison qui abritait mes parents adoptifs (mon propre père et ma mère sont morts en bas âge, comme je vous le dirai plus tard) et moi-même se composait de deux pièces. Le loyer était de six dollars par mois. Située au dernier étage d'un immeuble de style ancien de la rue Catharine, notre maison était éclairée et aérée par une petite fenêtre qui donnait sur un réseau de lignes de lavage allant des fenêtres jusqu'à de hauts poteaux placés dans les coins de la rue. cour. En tendant le cou par la fenêtre, on pouvait regarder dans la cour, six étages plus bas, et découvrir les causes des puanteurs qui montaient avec force jusqu'à nos narines.

La « pièce de devant » était à la fois cuisine, salle à manger, salon et ma chambre. À côté de la cuisinière en hiver et à côté de la fenêtre ouverte en été se trouvait la vieille boîte à savon sur ses supports inégalement courbés, qui, comme mon berceau, m'a ramené en enfance.

Comme on peut le supposer, mes deux parents adoptifs étaient irlandais. Mon père, un débardeur, jouissait d'une réputation très populaire dans le Fourth Ward, à l'époque un quartier intensément irlandais de la ville. La popularité dans le Quatrième Quartier signifiait un grand cercle de compagnons conviviaux et un juste crédit auprès des gardiens du moulin à gin . Ses gains auraient été considérables s'il avait été un travailleur persévérant. Mais les hommes populaires ne peuvent pas se permettre d'être constamment au travail. Cela remplirait peut-être leurs portefeuilles, mais diminuerait leur popularité. Ces périodes de convivialité, intervalles hilarants pour mon père, étaient des plus déprimantes pour ma mère.

La vie dans les immeubles est particulièrement chargée en son genre. Lorsque tous les efforts sont concentrés dans le seul but de fournir de quoi payer la nourriture et le loyer, chaque repas et chaque jour de loyer est un événement qui fait date.

Dès qu'un mois de loyer est payé, chaque jour suivant a ses propres pensées de terreur « face au prochain jour de loyer ». La gouvernante économe met de côté une partie de son allocation journalière – en l'augmentant au cours de la dernière semaine du mois – jusqu'à ce que, avec un soupir de soulagement, elle puisse dire : « Dieu merci, nous l'avons eu cette fois.

Je crois fermement qu'une grande partie de la crainte est créée par l'aversion pour une rencontre personnelle avec le percepteur ou l'agent des loyers. Les gens qui doivent mesurer la taille de leurs repas à la longueur de leur sac à main sont très susceptibles de devenir un peu instables dans leur éthique concernant les questions financières. Ils sont prêts à payer leur épicier ou leur boucher, mais perdent de vue que l'argent du loyer est le paiement de l'achat le plus important, la sécurité de leur maison. Ils sont amicaux avec le commerçant, sont souvent « encouragés » par lui à dépenser l'argent dont ils auraient autrement besoin, mais considèrent le collecteur de loyers comme leur ennemi personnel.

Il existe de nombreux percepteurs de loyers et, comme c'est le cas pour un plus grand nombre, un bon nombre d'entre eux sont, à juste titre, critiqués pour leur manière de procéder. De nombreux immeubles appartiennent à des hommes qui, bien que propriétaires, ne sont socialement que légèrement différents de leurs locataires. Ce sont des hommes qui, par une grande astuce ou par un heureux hasard, ont accumulé suffisamment d'argent pour investir dans l'immobilier dans leur propre quartier. Naturellement, connaissant la situation de leurs locataires et ayant un reste de sentiment de bon voisinage à leur égard, ils sont plus facilement influençables.

De nombreux immeubles appartenaient alors et appartiennent aujourd'hui à de grands domaines. La gestion de ces immeubles est confiée à des agents immobiliers, qui perçoivent une commission sur leurs collections, ou à des mandataires salariés, qui doivent leur poste à la faculté de maintenir les loyers élevés et de contenir les réparations. Ce sont ces hommes qui sont détestés par les pauvres.

On dit que les sociétés n'ont pas d'âme, pourquoi alors un grand domaine, et sûrement une société, en aurait-il une ? Et il doit y avoir une âme pour comprendre, pour ressentir le malheur, la supplication qui lui vient dans un discours hésitant et brisé. Comment, alors, quelqu'un dont les sentiments sont depuis longtemps insensibles à cause de la répétition de ces récits de misère, peut-il être excité au-delà d'un ricanement par une autre variante du vieux, vieux cri : « Aie pitié de nous pour une fois, nous sommes tellement pauvre, si malade, si misérable.

Ici, on pourrait reprocher aux pauvres leur inertie dans les affaires domestiques, leur manque de pratique des principes d'économie. Le reproche serait parfaitement justifié et toucherait l'une des causes les plus puissantes de la situation actuelle des pauvres. Personne ne vit plus richement et ne sait moins comment épargner que les pauvres. Leur compte de dépenses n'est pas basé sur une base sanitaire ou monétaire, mais se façonne en fonction des revenus temporaires.

"Beaucoup d'argent dans la maison" et un jour de loyer au loin, et de nombreuses familles se gavent absolument de nourriture et de boissons à table, pour ensuite revenir peut-être le lendemain pour prendre du thé et du pain sec.

C'est pour cette raison qu'aucun mouvement social de l'East Side ne mérite un soutien plus chaleureux que ceux menés pour enseigner aux enfants, et en particulier aux filles, « comment tenir une maison ». Apprenez-leur à tenir une maison et ils s'en bâtiront un.

Si les jours de loyer sont les anticipations effrayantes de la vie dans un immeuble, les repas et leur préparation en sont les anticipations agréables. Le matin, midi et soir, les odeurs de cuisine et de friture s'échappent des portes ouvertes des appartements jusque dans les couloirs. Les portes sont ouvertes pour deux raisons : pour aérer et pour « montrer » aux voisins qu'il y a bien plus que la bouilloire à thé qui bouillonne sur la cuisinière. Derrière les portes closes, il n'y a pas de fête, juste du thé et du pain et des intrigues pour expliquer cette fâcheuse réalité aux voisins.

Ma mère trouvait le meilleur moyen de maîtriser l'affection de son mari en répondant à son appétit, ce qui était une des merveilles du quartier. Lorsqu'il travaillait, il était très exigeant dans le choix et la préparation de sa nourriture ; ainsi, lorsqu'elle était inactive, sa femme s'efforçait encore plus de lui remonter le moral par des prouesses culinaires.

En plus de cette cuisine légère, il y avait le raccommodage, la lessive, le raccommodage et d'autres tâches ménagères à accomplir, et il me restait peu de temps pour avoir des sentiments à mon égard au-delà d'une tape affectueuse occasionnelle sur la tête.

Maintenant, prenons l'esprit, le cœur d'un enfant, et considérons ensuite l'influence d'une existence aussi stérile sur lui. Un enfant peut se passer de câlins – oui, la plupart des garçons ne le font pas, ou font semblant de ne pas aimer cela – mais son cœur, plus sensible que nul autre, a faim d'une richesse d'affection.

L'enfant, un petit singe, ne trouvant aucun débouché pour sa réponse volontaire à l'affection, cherche un champ d'activité mentale en imitant les adultes qui l'entourent. Et les modèles et les modèles dans les sphères d'habitation ne sont pas ceux qu'un enfant devrait imiter. Toutes les conditions y sont primitives. Manger, boire, dormir et se vêtir sont les buts de la vie là-bas, ne laissant qu'une petite marge aux émotions.

Les formes d'expression sont également primitives et acceptées. La digne ménagère qui, dans un moment de colère contre l'état de repos de son mari, devrait exprimer ses sentiments dans un éclat de langage plus emphatique que poli, ne perdra pas pour autant sa caste, mais se verra dire par des compagnons d'infortune sympathiques : « Elle l'a fait. juste à droite."

, prononcer une phrase sans grossièreté est considéré comme une indication d'effémination ou de dudéisme . Pour être considéré comme viril, il faut maudire et jurer. Même les termes d'affection sont précédés d'un préambule involontairement opposé.

Lieu de naissance d'Owen Kildare, rue Catharine. L'étoile marque la fenêtre de l'immeuble Kildare.

Là, sans parler encore des autres défauts nuisibles du milieu, l'enfant grandit, et alors, quand, à l'âge adulte, cette fondation, défectueuse et vicieuse, se brise et s'effondre et ne laisse plus qu'un être condamné par la société et la loi, et apparemment par Dieu, il existe une armée prête à infliger à cette créature, maudite par sa propre existence, la loi, la justice et le châtiment, mais pas avec un iota d'esprit qui, même aujourd'hui, à notre époque terre-à-terre, fait écho au le message le plus grandiose : « Il est ton frère ».

Tel était le décor de la scène sur laquelle commença le drame de mon enfance. Le rôle que j'y jouais n'était pas très intéressant.

Un homme ou une femme adulte peut se contenter d'un minimum d'espace, mais un enfant doit en avoir beaucoup. Pour s'ébattre, jouer et planifier des espiègleries, il faut beaucoup d'espace, et comme il n'y a pas un pouce d'espace disponible dans les appartements, les enfants, été comme hiver, revendiquent la rue comme leur propre royaume.

C'est dommage qu'il en soit ainsi, car il y a beaucoup de choses dans la rue qui présentent un danger physique et moral pour l'enfant. Il ne se passe pratiquement pas un jour sans qu'un garçon ou une fille ne soit blessé par le passage d'un véhicule. Il est presque impossible de se prémunir contre ces accidents. Les chauffeurs sont prudents. Personne ne peut me faire croire que ces hommes se jetteraient sans raison sur une nuée d'enfants qui jouaient, mais il y en a tellement, tellement.

Convainquez-vous-en. Vous n'avez pas besoin de voyager très loin. Prenez n'importe quelle rue, à l'est ou à l'ouest du Bowery, et la jeune génération, se pressant à vos pieds ou se bousculant contre vous dans un jeu innocent, vous dira plus efficacement que ma plume ne pourrait le faire quels sont les véritables besoins de l'East Side.

Mais les parcs et les terrains de jeux n'apportent pas de locations ; les immeubles d'habitation le font, et, de plus, même la vie des enfants de ces quartiers dépend des caprices de nos politiciens patriotes de quartier.

Chez les très pauvres — et mes parents étaient de cette classe —, il est d'usage d'envoyer les enfants chercher du bois et du charbon pour le feu. Ma mère, constamment occupée à veiller au bien-être de mon père, n'avait pas beaucoup de temps à consacrer à moi et j'ai grandi très seul.

Avant même que ce soit devenu mon devoir de « sortir chercher du charbon », j'adorais prendre mon panier et me rendre au bord du fleuve pour récupérer les morceaux de charbon déposés au déchargement des bateaux fluviaux ou des charrettes trop généreusement remplies.

Parmi mes camarades de jeu, j'occupais une position très peu importante, n'étant ni très populaire ni impopulaire. Cela ne me dérangeait pas beaucoup, car je sentais instinctivement que quelque chose n'allait pas et que je n'étais pas à égalité avec eux. Il m'est impossible d'expliquer pourquoi je me sentais ainsi à ce moment-là, mais je me souviens très bien que bien souvent je me sentais complètement isolé.

Personne ne me dérangeait ni ne me censurait mes longues absences de chez moi, pourvu que mon panier soit assez bien rempli de charbon. Ensuite, des crises d'envie me sont souvent venues. J'enviais les caresses que les mères prodiguaient à leurs fils et, oui, j'enviais aussi les menottes qu'on leur donnait pour avoir passé trop de temps au commerce de détail du charbon.

Je raisonnais ainsi alors et je raisonne ainsi maintenant, que derrière chaque fouet donné à un enfant se cachent l'amour et la justice d'un père ou d'une mère. Mais même le châtiment parental m'a été refusé – un fait pour lequel, selon l'opinion populaire, j'aurais dû être reconnaissant.

De cette façon, je vivais la vie ennuyeuse d'un enfant dans un immeuble , rendue encore plus ennuyeuse dans mon cas par l'absence de quelque chose d'inexplicable dans mes relations avec mes parents et dans mes conditions de vie. J'ai raté quelque chose, mais je ne pouvais pas dire ce que c'était.

On peut difficilement qualifier cela de chagrin caché, mais incitez un garçon à réfléchir et à s'inquiéter de quelque chose pour lequel aucune explication ne lui est accordée, et il se mettra dans un état mental pas du tout sain pour son âge.

Près de la cuisinière se trouvait une vieille boîte utilisée comme réceptacle pour le bois et le charbon. C'était là que j'étais assis, et de là, je regardais les petites comédies et tragédies domestiques jouées devant moi, avec mon père et ma mère comme principaux acteurs.

La popularité de mon père a fait de notre maison le lieu de rendez-vous de nombreux visiteurs. Lors de ces visites, l'ustensile le plus fréquemment utilisé était la « canette » ou « growler », et les fonctions prenaient généralement le caractère d'un « pot d'encre ». Plusieurs maisons du quartier avaient une réputation bien établie de « camps de bières mixtes », c'est-à-dire des lieux où certains amis pouvaient se réunir tous les soirs et « bousculer les grogneurs » aussi longtemps que l'argent durait. Si les amis étaient plus nombreux que d'habitude, la bouteille de whisky, toujours appelée « bouteille », à côté de la « canette », était bien remplie, produisant une suite d'effets, allant parfois jusqu'au combat ; à d'autres moments, ils courent vers une sentimentalité maudlin. Ces occasions – personne ne sait pourquoi – sont appelées « pots d'encre ».

La maison de mon père était en passe de figurer sur la liste des « camps de bières mixtes » bien établis . À cette époque, aucune loi n'avait encore été adoptée faisant de la vente de "pintes" de bière aux mineurs un délit punissable, et les enfants des deux sexes étaient employés jusque tard dans la nuit, lorsque les bars étaient remplis d'hommes ivres et bruyants. pour « précipiter les grogneurs » pour leurs aînés à la maison. Les enfants ne s'y opposaient pas, car on leur donnait toujours quelques sous pour la course.

Moi aussi, je devais faire ces déplacements jusqu'au salon le plus proche, et cela ne me dérangeait pas non plus pour la raison mentionnée ci-dessus. Parfois, au retour de mon voyage, un homme me demandait de lui chanter une des chansons populaires de l'époque, mais je refusais avec la méfiance d'un garçon. Mon père ne manquait jamais ces occasions de dire à ses amis que « ce gamin n'est bon à rien. Ne vous embêtez pas avec lui ».

J'ai commencé à ne pas aimer mon père adoptif, plutôt que de le détester. Plus d'une fois, je rencontrai son regard désinvolte avec un air renfrogné amer.

CHAPITRE II.

UNE PAIRE DE CHAUSSURES.

C'était encore l'hiver. Je courais pieds nus. Je préférais cela plutôt que de faire chausser mes pieds avec les vieilles chaussures de ma mère. Elle avait un petit pied, mais ses vieilles chaussures étaient bien trop grandes pour moi et, de plus, elles me faisaient toujours l'objet des railleries et des moqueries de mes camarades de jeu dans la rue. Par conséquent, je n'ai jamais porté de chaussures usagées à moins qu'il y ait de la neige ou de la glace au sol.

Mais que ce soit pieds nus ou affalé dans mes encombrantes bottes, les commentaires sont devenus si personnels que j'ai décidé de demander à mon père une paire de vraies chaussures neuves.

Le moment pour présenter ma pétition concernant les nouvelles chaussures était mal choisi.

Mon père traversait une période d'oisiveté et avait atteint cet état d'émotion intense qui le poussait à déclarer à grand bruit sur la table qu'« il n'y avait pas du tout une journée de travail honnête que l'on puisse obtenir de plus par un honnête homme ». , homme décent et travailleur. En ce moment, ma mère était profondément occupée à apaiser l'irascibilité de son mari en préparant quelque merveilleux chef-d'œuvre culinaire, et n'était pas libre de m'apporter son soutien moral le plus essentiel.

Ma demande a été reçue en silence. C'était un silence inquiétant, mais je ne m'en rendais pas compte.

J'ai insisté.

"Je veux une paire de chaussures pour moi tout seul, comme les autres garçons."

"Oh, c'est des chaussures que tu veux ? De nouvelles chaussures ? Des chaussures qui coûtent de l'argent, alors qu'il n'y a pas assez d'argent à la maison pour offrir à un homme un repas décent. Je te donnerai des chaussures ; en effet, je le ferai."

J'ai quand même insisté. Alors ce qui aurait peut-être dû m'arriver bien avant m'a été infligé. J'ai été battu pour la première fois, puis souvent et encore souvent par la suite.

Les coups m'ont mis en colère. D'une distance raisonnable, j'ai reproché à mon père de m'avoir puni pour avoir exigé ce que tous les enfants ont le droit d'exiger de leurs parents : être convenablement habillés. Cela a incité son humour; mais, une fois son rire terminé, il m'expliqua de la manière la plus directe et la plus brutale ma situation dans la famille, et m'informa également que s'il le souhaitait, il pouvait à tout moment me jeter dans la rue, où je c'est vrai, j'appartenais.

Sans mâcher ses mots, il m'a raconté l'histoire de ma filiation. Au moins, il m'a dit que je n'étais rien de mieux qu'un orphelin, sorti du caniveau et maintenu en vie grâce à sa bonté et à celle de sa femme.

Tout était vrai.

Dans les jours qui ont suivi, j'en ai appris de plus en plus sur mes parents grâce à la tradition légendaire des potins de voisinage. Et même lui, mon père adoptif, ne pourrait dire que du bien de mon père et de ma mère, s'il détestait leur fils.

Non, je ne devrais pas dire qu'il me détestait. Patrick McShane avait bon cœur, mais il se laissait trop souvent empoisonner par le poison de la canette et de la bouteille.

Tout ce que je sais de mon propre père, c'est qu'il était un fils typique de l'île d'Émeraude. Enjoué, insouciant, toujours prêt à chanter ou à raconter des histoires, il était un favori universel pendant son séjour dans la paroisse où il avait élu domicile pour lui et sa femme pendant la courte période écoulée depuis son arrivée dans ce pays jusqu'à sa mort.

Il y a quelques années, j'ai eu le plaisir de rencontrer le propriétaire de l'immeuble où se trouvait notre maison et où je suis né. Malgré son grand âge, il se souvenait encore de mon père.

"Sais-tu, mon garçon, que ton père était un homme bien ? Comme tout homme qui loue de beaux appartements à des locataires, je devais veiller à ce que les loyers soient régulièrement payés, et je l'ai toujours fait sans être trop dur avec eux. Mais tout était différent avec ton père. Il y avait des moments où son loyer manquait de quelques dollars ou pas du tout, mais avant que j'aie le temps de me mettre en colère, il me racontait une histoire ou me chantait une chanson. chansonnette, et au lieu d'être en colère, je partirais et oublierais tout mon loyer. Ah, en effet, Owney , mon garçon, ton père était un homme bien.

Pas vraiment un éloge funèbre, mais beaucoup, beaucoup, pour moi, le fils. Je n'ai rien, aucune ressemblance, aucune photographie, pour m'aider à voir mes parents ; et, par conséquent, tout hommage, aussi insignifiant soit-il, rendu à la mémoire de mon père et de ma mère vise à perfectionner l'image d'eux, façonnée dans mon âme.

Ma mère était une Française qui a épousé mon père peu de temps avant de quitter la France pour ce pays, où il était allé étudier l'art. On la connaissait très peu dans le quartier. Toute sa vie semblait être centrée sur son mari et on la voyait rarement hors de sa propre chambre. Les seules respirations qu'elle avait jamais appréciées étaient sur le toit – assez pratique pour se rendre au dernier étage, où se trouvait la maison – et là, elle prenait une bouffée d'air frais, au son d'une des chansons de mon père.

Pourquoi ne pourrais-je pas les connaître ?

N'ayant pas suffisamment d'argent, mes parents, peu après leur arrivée dans ce pays, ont été contraints de prendre des appartements au dernier étage de l'immeuble de la rue Catharine , où je suis né.

Ma mère est morte à ma naissance ; mon père l'avait précédée de trois mois.

Triste est le sort d'un bébé orphelin dans un immeuble. Chaque famille a peu et beaucoup pour subsister.

Mais moi, le bébé orphelin, j'ai eu une chance singulière.

Même la vie des pauvres n'est pas dénuée de romantisme et, grâce à l'un d'eux, j'ai trouvé un foyer.

Peu de temps avant que mes parents n'établissent leur domicile dans le Quatrième Quartier, Patrick McShane, l'un des jeunes hommes les plus populaires et les plus beaux du quartier, était « devenu mauvais ». Il avait négligé son travail pour participer aux nombreuses festivités sociales – autrement dit, « camps de bières mixtes » – jusqu'à ce que ses moments de sobriété soient très rares.

Dès que son statut d'ivrogne confirmé fut établi, il ne fut plus aussi bien accueilli qu'autrefois dans les nombreux rassemblements. La raison en était son caractère irascible alors qu'il était sous l'influence de la boisson.

Se sentant en partie ostracisé, il resta au bord de l'eau, y passant ses jours et ses nuits.

Face à la rivière se trouve la rue Sud . À l'un des coins se trouvait le moulin à gin et l'annexe législative d'un véritable patriote et député américain. Toujours soucieux de se présenter devant ses électeurs comme un homme dont la charité ne connaît pas de limites, ce diplomate, cet homme d'État, avait donné un foyer à sa nièce, fille de son frère décédé. Peut-être était-ce simplement une coïncidence si, le jour même où sa nièce devenait membre de la maison, la servante était renvoyée.

Quoi qu'il en soit, Mary McNulty trouva peu de temps pour parcourir les trottoirs de la rue Catharine , comme c'était l'habitude des belles du quartier. Même si elle en avait eu le temps, elle n'en aurait pas profité, pour une très bonne raison. Mary McNulty n'était pas belle.

Au cours de ses premières semaines dans le quartier, elle avait été rapidement surnommée "visage de verrue" par les garçons à cause de son apparition dans la rue et, bien que n'étant pas hypersensible, elle avait décidé de renoncer au plaisir d'être la cible de ces commentaires personnels.

Par la suite, elle ne quitta la maison qu'à la tombée de la nuit pour descendre à pied jusqu'au bout de la jetée en face du moulin à gin de son oncle. Lors d'une de ces balades nocturnes, elle rencontra Patrick McShane. Il gisait, ivre, tout au bord du quai, et risquait de perdre l'équilibre. Mary l'a réveillé , lui a fait la leçon et lui a ensuite donné de l'argent. Avant de le renvoyer, elle lui dit d'être là le lendemain soir.

Des réunions régulières furent bientôt de mise, et il ne fallut pas longtemps avant que Mary conçoive l'idée de réformer Patrick McShane.

McShane était d'accord et, un jour, toute la paroisse fut prise d'une surprise inhabituelle en apprenant le mariage de Patrick McShane et Mary McNulty.

Pour rendre hommage à qui il faut, il faut noter que McShane, pendant un certain temps, inspiré par le dévouement de sa femme, a amélioré à merveille ses habitudes et a parcouru le chemin étroit de la sobriété sans trébucher. Mais après environ un an de vie conjugale, il se permit des rechutes occasionnelles dans les anciennes habitudes, les multipliant avec le temps. Il est difficile de dire si tout espoir de réforme définitive s'est éteint dans le cœur de sa femme. Elle est devenue très silencieuse, s'occupant plus soigneusement de son confort et n'offrant jamais aucune remontrance.

Mais il a dû y avoir un vide, un désir de recevoir et de donner un peu d'affection, et lorsque « la dame devant » – ma mère – est décédée et a laissé son orpheline, Mary McShane n'a pas voulu la laisser aller à « l'institution ». mais l'a emporté dans sa propre humble maison.

Et pour cette chère petite femme, dont toute la vie a été faite d'abnégation, de dévouement et d'humiliation, une prière me vient à chaque pensée d'elle.

On ne peut guère s'attendre à ce que moi, un garçon de sept ans, comprenne toute la signification des informations transmises par mon père adoptif. Deux points seulement me parurent très graves. Si mes camarades de jeu apprenaient que j'étais orphelin, qu'ils ne me distinguaient pas d'un enfant trouvé, et que j'avais navigué, pour ainsi dire, sous de fausses couleurs, mon sort aurait été plein de persécution et de mépris ricanant. J'ai prié en silence, puis j'ai supplié ma mère adoptive de garder l'affaire profondément secrète.

L'autre point important était que la rue, « à laquelle j'appartenais de droit », prenait un aspect nouveau. Ayant eu de nombreuses preuves de l'esprit impulsif qui régnait sur notre maison, quelque chose semblait me dire qu'il n'était pas improbable que la menace de mon expulsion se réalise, et j'ai commencé à considérer mon sort ultime sous tous les angles.

Les cireurs de bottes, les vendeurs de journaux et autres jeunes gens qui vivaient de manière précaire dans la rue sont devenus des personnages qui m'intéressaient beaucoup. J'ai observé leurs déplacements et je me suis même retrouvé à calculer leurs recettes. Il était tout à fait clair pour moi que si mon père adoptif me chassait de la maison, je devrais recourir à une vie de fortune dans la rue.

Tout cela m'a mis dans un état d'esprit préoccupé, ce qui n'est pas naturel pour un enfant. Je suis devenu plus silencieux que jamais et, le soir, depuis le coffre à bois derrière la cuisinière, j'ai regardé nos débats à la maison. La plupart du temps, ils étaient très bruyants, et mon silence semblait irriter les oreilles de celui que j'avais cessé d'appeler « père », et que je m'adressais alors plus formellement par « M. McShane », ce qui l'ennuyait également.

Ne pouvez-vous pas lire ici entre les lignes et comprendre comment quelque chose s'est de plus en plus étouffé en moi ? Peut-être étais-je déraisonnable ou manquais-je de gratitude, mais j'étais un enfant et j'avais toujours faim et faim et désirais ardemment ce qui, jusqu'à présent, n'était pas entré dans ma part.

Mais si M. McShane n'écoutait pas mon appel pour des chaussures, ma bonne et chère « maman » avait entendu ma demande et compris le motif de mon insistance. Heureusement, les chaussures pour enfants ne représentent pas une dépense énorme, et ainsi, un certain jour mouvementé, "maman" est allée à sa caisse d'épargne, le bas proverbial, en a pris la plus grande partie et a fait de moi l'heureux propriétaire d'une paire de véritables, de nouvelles chaussures, les premières de ma vie. L'amertume, les bouderies et les lamentations étaient oubliées et effacées comme par magie, et mes pieds, dans leurs nouvelles enveloppes, semblaient marcher sur des rayons dorés de soleil. Si j'ajoute à cela que je n'ai jamais eu de jouet d'aucune sorte vous pourrez mesurer ma sensation.

Les vraies chaussures neuves n'étaient pas un cadeau totalement gratuit. Il avait été convenu entre « maman » et moi que je devais payer l'équivalent en augmentant la perception dans le commerce de détail du charbon.

Le lendemain, je me mis en route vers les quais à charbon avec les meilleures intentions du monde. J'ai commencé à craindre que nous ne puissions pas trouver de place pour tout le charbon que je comptais rapporter à la maison ce jour-là. Des tonnes de charbon ont commencé à s'accumuler dans ma vision, jusqu'à ce que, par hasard, mes yeux tombent sur les vraies chaussures neuves.

C'est devenu mon devoir incontournable de laisser mes chaussures être vues.

On fit bien des détours, et on perdit tant de temps à exhiber mes souliers, à l'envie palpitante de mes camarades, que l'accumulation de charbon en souffrit. Le réveil de mon rêve de gloire s'est produit à la fin de la journée, lorsqu'il a fallu que tous mes esprits optimistes restants me donnent du courage pour ma réception à la maison.

Le panier à charbon était terriblement léger.

Mon retour était très inopportun. M. McShane était en proie à une autre période d'inactivité, ce qui n'empêchait pas le crédit dans les saloons voisins. S'il y avait eu de la « compagnie », j'aurais peut-être pu échapper à sa colère, mais, étant assis là tout seul – c'est-à-dire sans compagnie masculine – et sa femme n'osant jamais répondre à ses aventures sarcastiques, je n'étais que le chiffon rouge pour le taureau.

"Ah, et donc tu es enfin à la maison ? Mary, n'as-tu pas préparé un dîner chaud pour ce jeune monsieur, après qu'il ait eu faim à force de travailler si dur pour obtenir une dizaine de morceaux de charbon ? Oh, et de nouvelles chaussures portons-nous maintenant , n'est -ce pas sympa !" Puis, avec un changement rapide de ton et de manière, "Viens ici, gamin, viens ici vers moi!"

« Laisse le garçon tranquille, Pat ! » intervint "maman", mais je savais, comme elle, que c'était inutile.

Je n'ai aucune difficulté à me souvenir de tout cela. D'une manière sourde et lourde, je sentais que la crise était arrivée.

A la fin de la scène, mes chaussures, mes vraies chaussures neuves, ont été arrachées de mes pieds. Tout en moi se rebellait contre cela. La vie sans ces chaussures ne valait pas la peine d'être vécue, et je me suis plongé dans une frénésie qui ne m'a quitté que lorsque je me suis retrouvé, propulsé par un mouvement rapide de jambe, sur le sol du couloir sombre, sans mes chaussures.

Le moment tant attendu était arrivé. Je me croyais préparé pour ce moment, mais je me suis retrouvé abasourdi et déconcerté. Que devais-je faire ? La rue « à laquelle j'appartenais » semblait désormais m'appartenir, mais je ne regardais plus aussi stoïquement qu'auparavant la perspective qui s'offrait à moi.

"D'ailleurs, comment puis-je sortir sans chaussures ?" Ai-je raisonné, oubliant que, tout récemment encore, les chaussures étaient devenues une nécessité pour moi.

Mais la vérité était – et m'en voudrez-vous ? – que de la fente au bas de la porte sortait un petit rayon de lumière, qui racontait une histoire vivante de tout ce que j'étais en train de perdre. Combien de fois j'avais grogné sur mon sort ; maintenant, derrière cette porte, se trouve un paradis.

J'étais accroupi dans le coin sombre de l'escalier menant au toit. Combien de temps j'ai frissonné là-bas, je ne sais pas. Tous mes sens étaient en alerte et prêts à la moindre alarme. Une fois, j'ai entendu des supplications et un déni emphatique à l'intérieur, et puis tout s'est arrêté – immobile pendant un long moment.

Mon regard était fixé sur la porte. Il m'a fallu des heures – peut-être que c'était le cas – avant que j'entende un léger craquement et que je voie le reflet de davantage de lumière sur le sol du couloir. Il disparut aussi vite qu'il était apparu, puis tout redevint sombre et silencieux.

Mais pourquoi cette porte a-t-elle été ouverte ? Quelque chose a dû se passer. Je me suis traîné jusqu'au seuil de ma maison perdue, j'ai tâté et j'ai trouvé mes chaussures, mes vraies et nouvelles chaussures. Et puis j'ai essayé de pleurer, mais je n'y suis pas parvenu. La croûte était devenue trop dure.

La crise était arrivée, passée, et le rideau tombait sur mon enfance. Les âges ne peuvent pas être mesurés en années.

CHAPITRE III.

UN NOMADE DES RUES.

A l'âge de sept ans, je suis sorti dans la rue, où j'avais de droit, n'étant plus un enfant, pour commencer le voyage qui, à travers de nombreuses années dans la vallée, m'a conduit vers les hauteurs.

C'était une sombre nuit de décembre.

Ne pouvez-vous pas vous faire un dessin du garçon qui se met en route vers où ?

Je suis resté un moment dans l'embrasure de la porte. Un policier surgissait au loin. Les garçons ne peuvent pas les supporter le jour, encore moins la nuit. Se faire "coller" par un "flic" à cette heure-là signifiait un séjour au commissariat et une visite au tribunal de police. Je me mets en mouvement.

La casquette sur les oreilles et les mains enfoncées dans les poches, je me suis dirigé vers Bowery et Chatham Street, maintenant appelé Park Row. Je m'arrêtai sous un lampadaire pour déterminer ma route.

"Uptown" était une région totalement inconnue pour moi. « Downtown » n'était pas beaucoup plus familier, mais, d'une manière ou d'une autre, je savais que c'était l'endroit d'où venaient tous les vendeurs de journaux.

J'ai tourné à gauche et j'ai marché et couru – la nuit était extrêmement froide – dans Chatham Street jusqu'à ce que j'arrive en vue de l'hôtel de ville. Jusqu'à présent, j'avais déjà fait une ou deux fois un voyage aventureux, mais pas au-delà. Même si je ne m'en suis pas rendu compte sur le moment, je me tenais sur mon point de départ, prêt à sauter vers l'inconnu.

Je m'arrêtai un moment, regardant l'obscurité devant moi. À cette époque, avant l'achèvement du pont de Brooklyn, la place de l'hôtel de ville n'était pas aussi brillamment éclairée qu'aujourd'hui. Je suis resté là jusqu'à ce que le froid mordant me fasse avancer.

Mes yeux étaient larmoyants à cause des explosions de la réunion et, en trébuchant, je suis presque tombé au sommet d'une couche d'humanité minuscule. Avant d'avoir eu le temps de sortir mes mains raidies des poches pour m'essuyer les yeux, j'ai ressenti une sensation bienvenue de chaleur, une chaleur épaisse, intense, humide, imprégnée d'encre.

Le courant chaud provenait de la grille au-dessus de la salle de presse d'un journal. Ce radiateur à ciel ouvert ne mesurait que quelques mètres, et pourtant, au moins quinze garçons le serraient aussi étroitement que les seins de leurs mères. La structure en fer était entièrement invisible et la part de chaleur qui en émanait était très insignifiante. Mais malgré cela, seules quelques minutes de cette acclamation éphémère m'ont été accordées.

Juste au moment où un peu d'engourdissement commençait à se dissiper dans mes membres, le cri – toujours et toujours familier au vendeur de journaux – « Au fromage, le flic ! » retentit et, comme une horde d'esprits effrayés, les garçons s'enfuirent en courant, moi fermant la marche.

Nous avons couru au coin de la rue Frankfort et nous sommes arrêtés dans un couloir sombre, qui semblait être le quartier général de cette foule particulière. Il ne faisait pas chaud là-dedans, mais, en tout cas, c'était un abri contre les rafales coupantes des vents nocturnes, qui jouaient à leurs jeux orageux de « cache-cache » autour des pâtés de maisons faisant face à Park Row.

Suivant l'exemple des autres, je me blottis dans un coin et essayai d'oublier mes ennuis dans le sommeil. A peine assoupi, avant de m'endormir plus profondément, je fus soudain et rapidement réveillé par une poigne et un coup de pied, et m'informai que j'avais usurpé un coin « d'abeille » à un habitué de cette lugubre hôtellerie.

Je n'avais pas encore appris qu'un vendeur de journaux s'emparerait de tout ce qu'il avait en vue, pour y renoncer seulement par une défaite au combat, et se soumettait docilement à ma dépossession. Le retardataire prit une liasse de journaux sous son bras et commença soigneusement à préparer son lit. D'abord, il étendit un certain nombre de draps sur le sol ; puis il construisit un oreiller avec la majeure partie et, enfin, se mit à se couvrir avec les papiers restants.

La lumière était faible, mais c'était suffisant pour lui montrer mon déconvenue.

"Dis," s'adressa-t-il, "qu'est-ce qu'il y a, tu n'as pas d'endroit où dormir ? Je vais te dire ce que je vais faire. Si tu ne dors pas, je te laisserai mentir. à côté de moi. " Puis, après coup, "Ça me tiendra chaud, de toute façon."

Je lui ai assuré de la manière la plus énergique et la plus impressionnante que mon sommeil était absolument immobile et que de cette nuit sont nés un partenariat et une amitié qui ont duré de nombreuses années.

Au cours des dernières années, je me suis souvent demandé pourquoi moi et tous les autres garçons qui composaient la fraternité vendeuse de journaux de l'époque atterrissions toujours à Park Row, et au milieu des futurs collègues ? Cela semblait être un destin bien défini . Derrière l'arrivée de chaque nouvelle recrue se cachait la petite tragédie qui avait fait de l'acteur principal un orphelin des rues. Et, peu importe où la tragédie s'était produite, que ce soit à Harlem ou dans le First Ward, le quartier situé le long et au-dessus de la Battery, ils se sont tous rendus à Park Row.

La vie du vendeur de journaux est pleine d'action. Son combat personnel et ses affaires l'absorbent tellement qu'il n'a pas de temps pour des spéculations inutiles. L'arrivée d'un nouveau venu ne se signale pas par un accueil très chaleureux. Il n'est ni gêné par la jalousie professionnelle, ni souffert par la tolérance. Le champ est ouvert à tous, et c'est au garçon de décider comment il s'en sortira. Cependant, malgré cet égoïsme presque essentiel, des accès impulsifs de bonne nature sont une caractéristique de cette créature la plus émotive qu'est le vendeur de journaux. C'est à un de ces élans spontanés que mon apprentissage dans la Fraternité a commencé.

Il était assez tôt quand, glacé jusqu'aux moelles, je me réveillai dans le couloir plein de courants d'air. Ma nouvelle existence indépendante a commencé avec mon premier grand chagrin. Ici, la tentation est très forte pour moi de vous dire que le remords, l'angoisse et le désespoir me déchiraient l'âme ; que c'était le mal du pays ou un grand désir de tout ce que j'avais laissé derrière moi. Mais laissant cette tentation derrière moi, je dois avouer que mon chagrin était de la nature la plus matérielle. J'ai raté mon café.

De l'autre côté de la rue se trouvait le salon de café et de pâtisserie d'Hitchcock. Dans l'air frissonnant du matin, chaque fois qu'un client entrait ou sortait des lieux, un nuage d'arômes gras et épicés flottait vers la petite troupe gelée qui quittait sa morne demeure. Mes futurs collègues avaient si souvent subi ce supplice qu'à présent, d'un simple reniflement envieux, ils pouvaient le supporter avec une force stoïque. Moi, encore faible, je me suis arrêté, comme transpercé, j'ai respiré les courants parfumés et j'ai juré très solennellement qu'avec mon tout premier argent, j'achèterais tout le stock ; oui, même tout le salon de café et de pâtisserie.

Hélas, Hitchcock fait toujours des affaires.

La question suivante qui se posait était la suivante : comment allais-je obtenir le « premier » argent ?

Les vendeurs de journaux travaillent et jouent en cliques. Le gang en question, avec lequel j'avais jeté mon dévolu, avait rendez-vous dans Theater Alley. C'était le lieu de rassemblement et de rencontre de tous les membres, ceux qui avaient dormi dans des lits « normaux » et ceux qui avaient « porté la bannière »[#] dans le couloir de la rue de Francfort. Cette distinction n'a en aucun cas établi parmi nous deux couches sociales différentes. Le destin était si incertain que l'aristocrate de la veille, qui avait reposé ses membres fatigués sur un lit « ordinaire », était très enclin à se battre la nuit suivante pour la possession du coin du couloir qui lui « appartenait ». .

[#] Passer la nuit sans lit.

Au-delà de mon regard scrutateur, aucun des garçons ne m'a prêté attention et ne s'est pas opposé à ce que je les suive. Arrivés à Theatre Alley, nous avons rencontré le chef du gang, qui avait la fière distinction d'être à peu près le seul à avoir un « chez-soi où aller » chaque fois qu'il en avait envie. Les mêmes qualités qui, depuis lors, ont fait de lui un leader politique et l'ont conduit à devenir membre des corps législatifs, étaient encore visibles à cette époque.

Entre parenthèses, permettez-moi de dire que je ne suis pas doté d'une beauté personnelle. Ajoutez à cela que mon apparence était plutôt grotesque et échevelée en cette matinée mouvementée, et vous comprendrez pourquoi l'œil scrutateur du chef m'a distingué des autres.

"Es-tu nouveau ?" il m'a demandé.

J'ai répondu par l'affirmative.

"Tu vas vendre des journaux ?"

Encore une fois l'affirmative.

"Tu as de l'argent ?"

Maintenant, un négatif convaincant.

À l'époque comme aujourd'hui, notre chef était économe dans l'usage des mots. À la fin de notre brève interview, j'ai été « jalonné » pour un nickel pour acheter mon premier stock de papiers, et ceux qui connaissent Tim Sullivan sauront aussi que je n'ai pas été le premier ni le dernier à être « jalonné » par le Bowery. homme d'État.

Il m'a non seulement fourni mon fonds de roulement, mais il m'a également appris quelques ficelles du métier et m'a conseillé d'investir mes cinq sous dans un seul, le journal le plus vendu de l'époque.

Ainsi, moins de douze heures après avoir quitté ce qui avait été pendant plusieurs années mon domicile, j'étais pleinement installé comme vendeur de journaux.

C'est alors qu'a commencé l'existence habituelle des « newsies » , mangeant et « dormant » lorsqu'ils ont de la chance, et « s'en sortant d'une manière ou d'une autre » lorsqu'ils sont malchanceux. Je suis resté fidèle à ce métier pendant plus de dix ans.

La vie dans la rue ne me dérangeait pas du tout. Mon enfance avait été pleine d'amertume, d'amertume enfantine, et j'avais un sourd désir de faire ressentir au monde entier ma vengeance pour m'avoir traité si méchamment. Quels que soient mes traits positifs, ils se sont rapidement et volontairement transformés en méchanceté. Cela m'a aidé à devenir un membre important de notre bande de garçons.

Parmi nous, il n'y avait personne d'aussi absolument orphelin que moi. Ceux qui étaient orphelins avaient au moins leurs souvenirs. Je ne les avais même pas.

Dans des moments étranges et émouvants, l'un ou l'autre laissait ses pensées revenir vers un père ou une mère encore aimé et vénéré, ou confessait s'être glissé dans son ancienne maison, à un moment sûr, pour jeter un coup d'œil au confort perdu. J'ai accueilli favorablement ces références et ces rêves éveillés de mes collègues, mais uniquement parce qu'ils étaient utilisés par moi comme prétexte pour infliger ma brutalité à ceux qui les avaient prononcés.

Il y a une question, un certain nombre de questions, à poser ici. Pourquoi ai-je fait ça ? Était-ce parce que j'étais naturellement vicieux, ou parce que je voulais étouffer un certain rongement dans mon cœur par ma férocité ? Étrange raisonnement, le dernier peut-être ; mais au fil des années, j'étais encore un enfant, et si un enfant n'a que peu de choses à aimer dans sa vie et qu'on lui retire ce peu de vie, cet enfant peut se transformer en un véritable petit démon. Ceux que j'avais cru être mes parents ne se révélèrent être que des étrangers charitables ; que ce que j'avais cru être ma maison n'était qu'un refuge , et ma logique enfantine voyait là une raison suffisante pour envier ceux qui avaient tout cela derrière eux et donner libre cours à cette envie de la manière la plus féroce.

C'était la teneur de ma vie de vendeur de journaux. J'avais assez d'insensibilité pour supporter toutes les difficultés sans murmurer. Une ambition s'est emparée de moi. Je voulais être une puissance parmi les vendeurs de journaux. Je voulais être respecté ou craint. Comme je ne me souciais pas de savoir lequel, j'ai réussi dans le second aux dépens du premier. Les héros des vendeurs de journaux sont toujours des hommes qui doivent leur importance à leurs prouesses physiques. J'ai choisi comme modèles les combattants les plus connus de l'époque.

Comme pour tous les autres « hommes d'affaires », il existe une vive rivalité et concurrence entre les vendeurs de journaux. La seule différence est que, chez les garçons, la voie la plus primitive et la plus directe est la plus fréquente pour régler les différends. Certains hommes, après de grands chagrins ou de grandes déceptions, recherchent l'oubli au combat, étant totalement indifférents à leur sort ultime, et ils font toujours de bons combattants. Ma position n'était pas tout à fait différente de la leur. Le peu que j'avais connu de confort et d'affection était derrière moi ; mon mode de vie à cette époque ne m'attirait pas particulièrement, et ma seule ambition était de vaincre par le combat, et, par conséquent, je faisais un bon combattant.

Au cours de toutes ces longues années, je ne me souviens pas d'un seul incident qui a remué les émotions les plus douces de mon cœur.

Un nouveau venu, un petit garçon aux yeux bleus et aux cheveux clairs, était venu parmi nous et fut immédiatement choisi par moi comme ma victime préférée. Certaines traces de raffinement étaient perceptibles chez lui et cela m'a donné de nombreuses occasions de le ridiculiser auprès de notre bande de jeunes voyous. Je le détestais sans savoir pourquoi.

Un jour, je l'ai vu debout au coin de « The Row », offrant ses marchandises en criant de manière peu professionnelle : « S'il vous plaît, n'achèterez-vous pas un journal ?

C'était une glorieuse occasion de lui « planter » un coup de pied dans l'un de ses tibias, et ainsi de me soulager d'un peu de ma haine. Je me glissais furtivement derrière lui, et j'étais sur le point d'envoyer mon pied en mission, lorsque deux femmes à l'air maternel s'arrêtèrent pour acheter un journal au « chérubin ». L'esprit est vite aiguisé dans la vie dans la rue, et j'ai immédiatement réalisé que mon agression projetée, si les deux dames étaient témoins, provoquerait une tempête d'indignation.

Je changeai aussitôt de front et m'efforçai de donner l'impression que ma démarche précipitée avait été motivée par mon désir de vendre un journal.

" Poipers , mesdames, poipers ", ai-je crié, mais j'ai à peine été remarqué.

Le « chérubin » accaparait toute leur attention.

"Quel joli garçon !" s'exclama l'un d'eux. "Tu n'as pas de maison, pas de parents ? Dommage, dommage !"

Tout cela a été noté et enregistré par moi pour un compte futur avec le bénéficiaire de tant de gentillesse.

Mon cœur tremblait d'amertume acide.

"Jamais moi, jamais moi !" et la misère de nombreuses années sans amour résonnait comme un gémissement dans mon âme.

Juste au moment où la femme qui avait parlé était sur le point de remettre un sou à mon futur bouc émissaire, son compagnon s'est retourné et m'a vu.

"Oh, regarde juste l'autre pauvre garçon."

L'exclamation était justifiée. J'étais un spectacle. Cependant, mes vêtements délabrés et mon visage écorché devaient leur état pitoyable à de nombreuses « mises au rebut » et non à des privations.

Elle parla à nouveau.

"Tiens, pauvre garçon, voici un sou pour toi."

Avec une légère tape sur ma joue crasseuse et l'un des sourires les plus ensoleillés jamais posés sur moi, elle est partie avant que je puisse réaliser ce qui s'était passé. Là, un sou en main, je me tenais debout, rêvant et caressant la joue qu'elle avait touchée, et me demandant pourquoi elle l'avait fait.

D'une manière ou d'une autre, j'ai senti que si elle revenait, j'aurais simplement pu lui dire : « Dis, madame, je n'ai pas grand-chose à donner, mais je vous donnerai tous mes poipers , et mes sous, et moi. couteau, si seulement tu voulais bien le répéter et le refaire. »

Le « chérubin » a également profité de cette petite touche de nature. J'ai oublié de lui donner des coups de pied et de le maltraiter cette nuit-là.

Je n'avais rien de nain et mon tempérament me faisait apprécier les nombreux « bribes » qui appartiennent à la routine d'un arabe des rues .

Park Row était et est fréquenté par les petites lumières du monde sportif. Nos combats de garçons ne se déroulaient pas en retrait, mais n'importe où. Étant un participant constant à ces "gos", comme j'étais presque quotidiennement appelé à défendre mon titre retentissant de "Champion des Newsboys de Park Row" contre de nouveaux aspirants à cet honneur, moi-même et mon "travail" de combat sommes vite devenus familiers aux " sports", qui étaient les plus intéressés des spectateurs.

J'étais de grande taille, mon visage était du type bouledogue, mes muscles étaient forts, ma constitution durcie par mon existence au grand air par tous les temps, et, sans le savoir, mes progrès dans l'art du coup de poing étaient suivis avec attention, avec l'espoir de découvrir en moi un nouveau "cheval noir" pour le ring.

Parmi les hommes qui avaient suivi mes progrès en boxe se trouvaient des sports aussi renommés que Steve Brodie, Warren Lewis, "Fatty" Flynn, "Pop" Kaiser et d'autres d'égale importance. En temps voulu, des ouvertures me furent faites. J'ai été correctement "essayé" sur plusieurs boxeurs de troisième ordre, et j'ai dit au revoir à la vie de vendeur de journaux pour m'épanouir en tant que pugiliste à part entière.

Très vite, j'ai commencé à avoir *de plus grandes* ambitions. C'était le jour des bourses plus petites et des combats plus nombreux, et j'étais déterminé à me battre souvent afin d'accumuler rapidement de l'argent. Je n'avais aucune idée précise de la raison pour laquelle je voulais accumuler de l'argent avec une telle hâte fébrile. J'avais une vague envie *d'* en avoir beaucoup, d'avoir la sensation d'être en possession d'un rouleau de billets, et, comme c'était le seul chemin qui s'offrait à moi pour atteindre ce but, j'avais hâte de le parcourir.

C'était mon ambition à dix-sept ans, l'âge où les garçons se préparent à devenir des hommes au sens le plus complet et unique du terme. Mon enfance, morne comme mon enfance, se referma derrière moi sans un pincement au cœur de ma part. J'aspirais selon mes lumières et mes aspirations n'impliquaient ni plus ni moins qu'une dégradation.

CHAPITRE IV.

VIVRE PAR MON MUSCLE.

L'art viril de l'autodéfense, tel qu'il était pratiqué à l'époque, n'était entravé par aucune loi ni aucun raffinement. Pourtant, avec toute cette licence, j'étais trop brutal pour devenir un boxeur à succès. Mon sponsor dans cette vie sportive a vite appris que j'avais un caractère violent.

À maintes reprises, j'ai dû combattre des hommes qui n'étaient pas physiquement mes égaux, pour ensuite être vaincu par eux. Il était inutile de tenter de m'impressionner en prétendant que ces combats n'étaient que des engagements d'affaires, au même titre que le jeu d'un rôle par un acteur.

J'ai bien compris tout ce qu'on m'a fait remarquer ; J'adhérerais à mes instructions pendant deux, peut-être trois rounds de combat, puis j'oublierais tout, les règles, les délais et tout le reste, pour « naviguer » avec la détermination la plus mortelle de « faire » mon adversaire à tous les risques.

Au cours de ma brève carrière de pugiliste, je n'ai rencontré qu'un seul homme qui avait le même tempérament brutal que moi – Tommy Gibbons, de Pittsburg – et nous nous sommes battus quatre fois.

Du même âge que moi, Gibbons s'était bâti une réputation bien fondée de méchanceté. Il n'avait jamais été vaincu dans son propre État, et les promoteurs de cette forme de sport « viril » étaient impatients de trouver une brute plus vicieuse que lui pour le vaincre.

J'ai été choisi pour cette mission.

Un fabricant de papier, faisant toujours des affaires à New York, après m'avoir vu « jouer » lors de combats d'essai, a été incité à « mettre » l'argent nécessaire pour mon côté de la bourse, et nous avons été jumelés pour combattre à Pittsburg.

Nous « pesions » cent quarante livres.

Cette première rencontre dura vingt-sept rounds. L'« humanité » de nos seconds et de nos soutiens nous a empêché d'aller plus loin. Notre condition physique était la cause de l'agitation de cette « humanité ».

Nous étions tachés de sang, mais cela n'aurait pas suffi à mettre fin au combat. Un bras cassé, une oreille déchirée, une entaille allant de l'œil au bas de la joue, constituaient les principales blessures de Tommy Gibbons. J'ai été endommagé à hauteur de deux pouces cassés et d'un nez cassé, sans parler de défigurations mineures. Mais qu'en est-il de cela ? La noble cause du sport n'a-t-elle pas tiré un nouvel élan de nos performances ? Les cœurs et les aspirations de la foule « sélective » des spectateurs n'avaient-ils pas été poussés vers des émotions plus élevées ?

Nous nous étions comportés si vaillamment que, au bord du ring, nous étions à nouveau confrontés pour une autre rencontre. En cela, après dix-sept tours, j'ai été déclaré vainqueur sur une « faute » de Gibbons.

Une fois de plus, nous étions confrontés, cette fois pour combattre selon les règles du ring de Londres, qui laissaient plus de latitude à nos instincts brutaux. Cela s'est soldé par un « nul », mais pas avant d'avoir diverti la fleur du monde sportif pendant quarante-trois tours.

N'étant pas encore sûr de savoir lequel d'entre nous était la plus grande brute, une autre rencontre fut arrangée, et j'eus la fière distinction d'être le vainqueur de ce combat de onze rounds.

Le pauvre Tommy Gibbons prenait sa défaite très à cœur. Son prestige de poing avait disparu et il est allé rapidement vers « le mauvais ». Il a mis fin à sa vie bien remplie entre les mains du bourreau, payant ainsi la peine pour l'un des meurtres les plus horribles jamais commis.

Dommage qu'une lumière aussi prometteuse dans le monde sportif connaisse une fin aussi ignoble !

Mon sponsor, le fabricant de papier, qui a tant fait, par ses efforts et ses dépenses, pour la cause du sport, figure toujours sur ma liste de connaissances. Il est éminemment respectable, père d'une famille adorée, modèle pour les jeunes hommes qui luttent, pilier de son église, puissance dans la vie commerciale et, en même temps, adepte enthousiaste de l'art viril de l'autodéfense, à condition que le spécimen ce n'est pas trop apprivoisé.

A propos de l'art viril de l'autodéfense, je voudrais exprimer mon opinion personnelle selon laquelle c'est un art perdu, si cela a jamais été un art. Dans l'art chevaleresque de l'escrime, l'habileté, l'habileté artistique, est nécessaire et acquise. Ce n'est pas le cas en boxe ; du moins pas dans cette branche de la boxe qui se pratique uniquement pour de l'argent. Les hommes qui montent sur le ring pour un « combat final » ne sont pas motivés par le désir de donner une savante démonstration de boxe. Leur seul désir — si le combat « est au niveau » — est d'« éliminer » leur homme d'une manière ou d'une autre, le plus rapidement possible, et de récupérer leur part de la bourse le plus rapidement possible. J'ai vu mon quota de combats au cours de ma vie, mais jamais un dans lequel des allégations de "fautes" n'étaient pas faites.

N'est-il pas logique de supposer que les principaux représentants de leur art puissent en faire une démonstration sans recourir à des moyens ignobles ?

Bien que j'aie donné des « cours de culture physique » d'une certaine sorte, je connais peu la manière dont se déroulent les cours de boxe dans les académies et les gymnases réputés. La popularité de cette branche de l'athlétisme indique que les leçons sont propices au perfectionnement corporel et enseignent aux hommes comment utiliser au mieux leur force lorsqu'ils sont poussés vers la défense.

Ce principe n'est pas respecté par les « scrappers ». Ils accordent moins d'attention, voire aucune, à la boxe qu'à l'apprentissage des ficelles de leur métier. C'est très bien pour les écrivains sportifs de parler de l'art de Fitzsimmons et de Sullivan, mais je suis sûr qu'un ou plusieurs tricks efficaces sont le véritable moteur de nombreuses réputations pugilistiques.

Les règles du ring sont justes et conçues pour protéger les hommes des méthodes répréhensibles. C'est précisément pour cette raison que toutes les astuces apprises - et elles sont nombreuses et efficaces - sont, sinon absolument des fautes, du moins si près de la ligne de démarcation que la marge de distinction est presque nulle.

Par la presse du pays, nous apprenons que les boxeurs gagnent aujourd'hui des fortunes considérables. Puis ils ne l'ont pas fait, et ayant un appétit étonnamment sain dans un corps sain, le métier de combattant a malheureusement retardé le développement parfait de mon *embonpoint* .

CHAPITRE V.

VIVRE PAR MON INTELLIGENCE.

Il est vrai que mes disputes avec Tommy Gibbons et d'autres m'avaient rapporté un peu d'argent, mais les obligations sociales étaient si nombreuses et les célébrations si fréquentes qu'après une courte période d'abondance, je me retrouvais toujours « complètement fauché » et obligé de recourir à mes propres moyens. "l'esprit" pour gagner sa vie.

Toute la rue Chatham – aujourd'hui Park Row – et le Bowery regorgeaient de « maisons de sport », qui offraient des opportunités aux hommes de ma classe. Dans beaucoup de ces endroits, la boxe était l'attraction réelle ou prétendue.

Sur une scène surélevée, trois à six paires de boxeurs et de lutteurs assuraient le divertissement nocturne d'une salle remplie d'hommes insensés et, c'est encore plus dommage, de femmes. Le véritable objectif de ces rassemblements doit rester anonyme ici, mais nous devons noter que toutes ces "maisons de sport", ces enfers de la plus noire iniquité, étaient dirigées par de soi-disant hommes d'État, des patriotes, des politiciens, dont beaucoup étaient des législateurs. , ou bien par leurs figures de proue.

Les figures de proue ont été choisies avec beaucoup de soin. Pour devenir propriétaire par procuration d'une « maison de sport », il fallait avoir une réputation suffisante pour attirer cette foule d' *habitués particulièrement idiots et morbides* . Certaines des réputations se sont faites dans le ring, à savoir : Frank White, directeur du Champion's Rest, sur le Bowery, à deux portes au nord de la rue Houston ; Billy Madden, Mike Cleary et d'autres boxeurs « éminents ». Quelques-uns d'entre eux, comme Billy Madden et Frank Stevenson, se sont ensuite diversifiés en tant que soutiens aux pugilistes, aux magasins de politique et aux maisons de jeux.

Les réputations acquises dans les prisons étaient également acceptées comme qualifications, et "Fatty" Flynn, Billy McGlory , Tommy Stevenson, Jimmy Nugent, célèbres pour les braquages de la banque de Manhattan, et d'autres anciens détenus des prisons devaient leur grande popularité et leur capacité à gagner de l'argent à leurs conditions. passé derrière les barreaux. Un poste isolé d'un glamour particulièrement lumineux a été occupé de manière acceptable par le célèbre M. Steve Brodie, le sauteur de pont et le plus grand « faux » et fraude de l'époque.

Dans les endroits où la boxe n'était pas l'attraction, les passions les plus viles de la nature humaine étaient vainement attisées par des sirènes peintes qui, par l'expérience et la contrainte de leurs employeurs, étaient devenues parfaites dans leur méchanceté astucieuse. Devant ces « joints » – souvent appelés « maisons de fraude » – des affiches criardes, illustrant les plaisirs qui s'y trouvaient, étaient affichées de la manière la plus criarde.

En plus de ces lieux décrits, un certain nombre de salles de danse, notamment l'Armory Hall de Billy McGlory et le "Fatty" Flynn's place dans Bond Street , complétaient la vantardise de l'époque selon laquelle la ville de New York était une "ville grande ouverte". et le « seul endroit au monde où il fait bon vivre ».

Il n'était pas très difficile pour quelqu'un, habitué à l'environnement, d'y « vivre » grâce à son « intelligence ».

N'importe qui, peu importe une courte période d'effort, pouvait toujours obtenir entre un dollar et demi et deux dollars pour « enfiler les mitaines » dans les « maisons de sport », où la boxe était la spécialité. D'autres, n'ayant ni la formation ni l'envie de participer à ces "set-to's", officiaient comme serveurs - "beer-slingers" - et trouvaient ce travail plus rémunérateur, quoique plus fastidieux.

Il semble que ce soit une caractéristique particulière des personnes qui visitent ces « dives » et ces « joints » de laisser leur petite part d'intelligence à la porte. Les hommes, qui, dans leur occupation quotidienne, sont assez attentifs et attentifs à leurs intérêts, se laissent tromper par les artifices les plus transparents des "beer-slingers".

Donner à ces gens une facture en guise de paiement de boissons, c'est simplement les inviter à expérimenter sur vous. Surcharger, "palmer" - retenir une pièce de monnaie dans la paume de la main entre la pointe du pouce et la partie charnue - " flim-flamming " - doubler un billet dans un certain nombre d'entre eux et compter chaque extrémité comme un billet séparé - sont les moyens de triche les plus couramment utilisés. Chaque fois que l'une de ces astuces échouait, l'argent était soit retenu, soit emporté de force, et la victime – la « ventouse » – était jetée à la rue comme une « personne désordonnée ».

Telles étaient les gloires de la « ville ouverte ».

Bien que reconnu dans le monde du pugilisme, je n'hésitais pas à chercher un emploi occasionnel dans ces stations, et cela m'a aidé à me forger une autre réputation. Je ne travaillais pas dans ces lieux à des fins d'étude ou d'observation, mais chaque nuit mon mépris pour les clients de ces « joints » augmentait.

Des hommes dont j'avais entendu et mentionné les noms avec admiration ; des hommes, dont la position et la position auraient dû être des garanties de toutes les qualités, y venaient, non pas une fois, mais nuit après nuit, pour

profiter de ce passe-temps apparemment inoffensif appelé « slumming » –
pour passer un « bon moment ».

Un « bon moment » au milieu de la crasse morale et physique ; un « bon
moment » en compagnie des prisonniers, des hommes et des femmes tombés
au combat ; un « bon moment » d'égoïsme le plus grossier, car, maintes et
maintes fois, j'y ai vu des hommes pour l'éducation desquels j'aurais
volontiers donné des années de ma vie et qui, par un mot de sympathie ou
d'encouragement, auraient pu raviver les mourants. flamme d'espoir, de
respect de soi, dans quelque camaraderie, mais ce mot n'a jamais été
prononcé, car il aurait semé la discorde dans le « bon moment », et aurait fait
tinter la mélodie coassante chantée par ce chœur d'ordures humaines dans
éloge de leur hôte – le « touriste » – de la soirée !

Un sport glorieux, ces « visites touristiques », ces « bons moments », où des
hommes de « respectabilité » et de position se régalent avec des yeux
jubilatoires de tout ce qui est ignoble et regardent les malheureux d'une
grande ville comme s'ils étaient d'étranges bêtes, des monstres. sous forme
humaine. Que presque toutes les créatures de ces « plongées » et «
articulations » aient laissé derrière elles une niche dans l'utilité du monde, ou
une maison, vers laquelle leurs pensées quotidiennes s'égarent, n'est pas pris
en compte par le « touriste ». On n'aime pas les réflexions désagréables au
cirque.

Vils, très vils, sont les hommes et les femmes qui constituent la population
du divedom , mais qu'en est-il des représentants de la respectabilité, qui
viennent parmi eux pour passer leur « bon temps » avec eux ?

Si j'avais le droit de donner les noms des hommes que j'ai vu côtoyer la
racaille la plus effrayante, vous hausseriez les épaules et diriez : « Je n'arrive
pas à y croire. Pourtant, je ne mens pas.

Il n'est pas nécessaire de mentir, et il existe de nombreuses confirmations, la
conscience de ces hommes n'étant pas la moindre.

Nous souhaitons que vous, hommes et femmes respectables, veniez à ces «
plongées », mais nous souhaitons que vous veniez dans un autre but. Même
en ce moment même, il y a une marge pour vos efforts malgré tous les
changements d'administration et les efforts chrétiens qui ont eu lieu dans
cette partie de la ville. L'éradication du vice est menée vigoureusement, mais
le vice est une maladie proverbialement obstinée.

Il y a seulement quelques nuits, j'ai vu une scène dans un trou parasitaire bien
connu, dégageant une puanteur au-delà de ses portes, à laquelle je ne peux
qu'évoquer en la décrivant.

À l'une des tables était assis un jeune, un simple garçon, qui avait été amené dans ce trou sale par la persuasion du rusé « aboyeur » à la porte latérale. Le garçon semblait originaire de la campagne, son teint vermeil et ses « vêtements de magasin » l'indiquaient. La boisson qu'il avait été forcé d'acheter se trouvait devant lui, intacte. Sans avoir peur, il restait bien éveillé et était mécontent de toutes les ouvertures qui lui étaient faites. Mais il ressemblait trop à une victime facile pour échapper à la procédure habituelle.

Avant qu'il ne s'en rende compte, une femme s'était laissée tomber sur la chaise de l'autre côté de la table. Agé de plus de cinquante ans au moins, l'édenté prenait la coquetterie d'une jeune fille.

Les cheveux gris, dépourvus de peigne ou de ruban, pendaient en mèches éparses jusqu'à ses épaules. Le devant de sa robe était déboutonné. Pourtant, cette sorcière de la plus basse dépravation berçait son chant de Lorelei, dans l'espoir de transpercer le regard du garçon – assez jeune peut-être pour être son petit-fils – par le regard de ses yeux larmoyants.

Je n'ose pas, et si j'osais, je ne pourrais pas vous raconter l'horreur de cette scène, et pourtant ce n'était qu'un détail du spectacle plus grand, le « bon moment », vu et apprécié chaque soir par des milliers de personnes de la « meilleure » classe. .

Les précurseurs du renversement à venir du vice « ouvert » se sont fait sentir lors de certaines des élections les plus importantes et, quelques semaines avant le jour du scrutin, l'ukase a été lancé par les mystérieuses puissances cachées : « Restez discret pendant un moment ».

Ces périodes de restriction, bien que peu bienvenues, n'ont pas entraîné de grandes difficultés pour nous, les « sports » de Bowery. S'il fallait pour le moment faire taire le tintement du cornet sifflant et les battements du piano, il existait d'autres canaux dans lesquels les services des hommes, qui s'en fichaient, pouvaient être utilisés.

L'une des industries les plus florissantes était le jeu de la confiance sous ses nombreuses formes.

"Ah, toutes les 'marques faciles' vont maintenant au filet", crient les quelques greffeurs restants de Bowery. Ensuite, c'était différent.

Le Bowery était célèbre de l'Atlantique au Pacifique pour ce qu'il offrait. Chaque jour, un nouveau lot d'agneaux débarquait sur cette route des insensés et des misérables, pour être dévoré par les loups en attente. Le quartier général reconnu des loups se trouvait au coin de la rue Pell .

Quelques-uns d'entre eux étaient des hommes d'une certaine éducation et d'un certain raffinement, mais la plupart d'entre eux étaient des voyous aux sourcils de scarabée, qui semblaient mal à l'aise dans leurs beaux vêtements, l'emblème de leur métier.

Pour obtenir l'argent de l'étranger, de nombreux moyens étaient utilisés.

Les marins, les immigrants, les agriculteurs et les marchands de l'extérieur de la ville étaient approchés de la manière la plus appropriée, généralement en faisant valoir leurs anciennes connaissances. Pour célébrer le renouveau de leur ancienne amitié, il fallut jouxter le moulin à gin voisin. Ici, l'étranger, le « vieil ami retrouvé », n'aurait pas le droit de dépenser un centime de son argent : « mon cher, non, tu es mon invité ».

Étape suivante : les deux amis réunis, le loup et l'agneau, sont rejoints par un troisième, "un vieil ami à moi", dit le loup.

Le nouveau venu chante l'une des nombreuses variations du vieux thème. Il vient de gagner beaucoup d'argent à un jeu où personne ne peut perdre ; ou a un télégramme promettant sans aucun doute qu'un certain cheval devait gagner ce jour-là ; ou a un billet de cent dollars qu'il veut changer ; ou est fauché, et offre la totalité de sa dépense en bijoux, montres, clous et bagues, chacun scintillant de joyaux cracheurs de feu, pour une simple bagatelle de cinquante dollars ; ou propose de parier sur un jouet mécanique en sa possession, un portefeuille ou une tabatière, et perd tous ses paris au profit du loup, mais pas face à l'agneau ; ou propose d'emmener les deux, le loup et l'agneau, dans un « restaurant chaud ordinaire », faisant allusion aux magnifiques vues qui s'y trouveront, qui, en réalité, est un appareil de jeu « ne jamais perdre » .

Si l'agneau s'avère insensible à toutes ces tentations, la concoction agréable appelée « gouttes assommantes » est présentée comme le tonique le plus efficace.

Parfois, il y a un écart dans le processus et l'agneau « se met au gibier » avant d'être tondu. Ceci est totalement contraire aux règles de l'industrie et ne peut être autorisé sans être réprimandé. C'est pourquoi l'industrie de la confiance a toujours été disposée à recruter ses apprentis dans une classe dans laquelle la musculature et la brutalité étaient les seules qualifications.

D'autres industries, désormais très rétrogradées, étaient les jeux de « sciure de bois », de « produits verts » et de « briques d'or ». Tous ces jeux étaient extrêmement divertissants pour tous et extrêmement lucratifs pour certains. En outre, dans leurs niveaux inférieurs, et techniquement dans le cadre de la loi, ils ont donné du travail à de nombreux jeunes hommes qui, comme moi, n'étaient pas disposés à utiliser leurs forces dans des occupations plus honorables, préférant être les esclaves de maîtres et de stratagèmes véreux.

Ce n'était pas là toutes les façons dont un dur bien connu pouvait gagner un dollar honnête. Dans notre « repaire », abritant toujours un grand nombre d'esprits de choix, venaient fréquemment des messagers réclamant un quota pour une mission opportune. Nous étions les « landsknechts » de l'époque, prêts à servir n'importe quel maître, sans nous interroger sur l'éthique de la cause, contre rémunération.

Les campagnes électorales dans cette ville et dans d'autres ont fourni beaucoup d'emplois. Le capitaine B———, de Hoboken, chef de « guérilla » notoire, était un employeur fréquent. Au cours d'une lutte houleuse dans une petite ville près de Baltimore, il a envoyé cinquante d'entre nous sur les lieux du conflit pour « aider à élire » son patron. Cinq « messieurs Bowery », en tenue grossière et prête, étaient postés près de chaque lieu de vote douteux et, d'une manière ou d'une autre, incitaient les électeurs, hostiles à leur maître du moment, à rester à l'écart des urnes.

Les primaires et les congrès locaux, quelle que soit la politique politique, ne pourraient jamais se permettre de se passer de nous. Aujourd'hui, nous combattrions les hommes qui, demain, nous paieraient pour renverser la situation sur nos maîtres d'hier.

Nous étions néanmoins fidèles à nos patrons intérimaires. Nous avons offert notre force et notre brutalité sur le marché libre. Nous demandions un prix et, s'il était payé, nous accomplissions notre « travail » avec une fidélité plus digne d'une meilleure cause. Cela est prouvé par le fait que non seulement John Y. McKane , le « tsar de Coney Island », a recruté ses forces de police parmi nous, mais que même des entreprises réputées, comme l'Iron Steamboat Company, et d'autres, ont engagé des hommes de notre classe pour préserver l'ordre et la paix aux postes désignés.

Un certain nombre de compagnies ferroviaires et de bureaux de détectives, en période de grève, nous ont invités à les aider à protéger leurs biens et leurs employés temporaires, mais, pour une raison ou une autre, ces offres n'ont jamais été acceptées avec avidité.

Parmi le reste de ces professions non répertoriées, il faut citer le jeu de billard et de cartes. Je ne parle pas des véritables experts de ces jeux qui traînaient pour gagner de l'argent auprès d'étrangers imprudents. Un bon nombre des salons les plus « hétérosexuels » du Bowery ne s'opposaient pas à la présence d'une foule de gars qui étaient de bons joueurs de billard ou de jeux de cartes à la mode. Si, par hasard, ils perdaient une partie, le propriétaire supporterait la perte et, s'ils se révélaient extrêmement chanceux, il leur donnerait un pourcentage des recettes de la partie.

Il est plutôt difficile d'énumérer toutes les différentes manières dont un homme, qui devait vivre de son « esprit », pouvait gagner sa vie à Bowery. Ils étaient nombreux et de nature variée. C'était un dicton de l'époque selon lequel il suffisait alors à un homme de quitter son « repaire » pendant une heure pour revenir avec suffisamment d'argent pour payer ses dépenses de la journée.

- 35 -

CHAPITRE VI.

AU SIGNE DE CHICORY HALL.

J'ai mentionné à plusieurs reprises "hang-out". La plupart de ces « lieux de rencontre » étaient des ginmills (saloons) de la meilleure classe, mais le véritable Bowery Bohemian choisissait des endroits étranges pour ses repaires. Le lieu de villégiature le plus unique de cette Bohême du monde inférieur se trouvait à Chicory Hall, où mon gang particulier s'était établi.

C'était un sous-sol au coin de la Quatrième rue et de Bowery. A l'origine boulangerie, elle était restée inoccupée depuis quelques temps, jusqu'à ce qu'un marchand de café la loue pour y préparer ses endives. Un seul homme constituait toute la main-d'œuvre de l'usine, et il se trouve que Tom Noseley , le boulanger de chicorée, était imprégné de penchants sportifs.

N'oublions pas qu'à l'époque, le boxeur était un homme important pour la jeunesse de l'East Side. Connaître un pugiliste, lui avoir parlé, lui avoir serré la main, était un événement à ne jamais oublier.

Tom Noseley était un très jeune homme. Dans le voisinage immédiat de sa cave se trouvaient de nombreuses « maisons de sport ». Tom Noseley gagnait dix-huit dollars par semaine. Qu'y a-t-il de plus naturel qu'une personne ayant un penchant sportif devienne un mécène enthousiaste des « maisons de sport » ?

Tom Noseley voulait compter parmi ses connaissances quelques pugilistes bien connus. Plusieurs pugilistes bien connus, dont j'étais, n'étaient pas mécontents de ses nombreuses invitations à boire avec lui et, bientôt, le rêve de Noseley parut pleinement réalisé, car nous consentîmes, après beaucoup de cajoleries, à venir dans sa cave pour le tâche agréable de « précipiter le grogneur ».

Notre premier passage à la cave nous a convaincu de ses nombreux attraits. Cela semblait être l'endroit idéal pour un « lieu de rencontre » idéal. Il y avait aussi l'allocation hebdomadaire de dix-huit dollars par semaine de Tom Noseley , qu'il était prêt à dépenser jusqu'au dernier centime pour « l'avancement du sport ».

Tom Noseley était un chasseur de lions de Bowery. On m'a dit que dans les couches sociales supérieures, différents lions sont chassés par différents chasseurs. Pourtant, les espèces ne diffèrent pas beaucoup les unes des autres.

Des hommes qui avaient « fait » une longue peine de prison ; des hommes qui avaient une réputation de malhonnêteté ; des hommes qui étaient connus pour gagner leur vie sans avoir à s'abaisser à la manière ignoble de travailler pour cela, tout cela avait été des modes de Noseley . Puis, l'esprit sportif du Bowery s'est enflammé avec de grands crépitements, et Noseley , pour l'occasion, a emmené les pauvres boxeurs sans changement dans son cœur.

Nous avons baptisé la cave « Chicorée Hall », et avons rapidement réussi à la faire connaître.

La cave était composée de deux grandes pièces. En descendant de la Quatrième rue , une douzaine de marches menaient à la boulangerie. Quatre petites fenêtres, souillées d'une saleté impénétrable, suggéraient la présence de la lumière. La lumière du soleil ou le ciel nuageux n'y trouvèrent aucun signe. La nuit, une faible flamme de gaz donnait une sorte de bizarrerie humoristique au trou crasseux.

Attenant à la boulangerie se trouvait un appartement sombre, de la même taille que la première pièce, qui servait de lieu de stockage pour les sacs de son, qui servaient à la manufacture de chicorée. Peu de temps après avoir établi notre quartier général à Chicory Hall, nous avons choisi la salle de stockage comme chambre à coucher, fabriquant des canapés encombrants à partir de sacs lourds et sales.

Certes, nous avions des commodités, une « pièce de devant » et une « chambre », que pouvions-nous désirer de plus ? Et nous l'avons apprécié. N'ai-je pas moi-même passé dix jours et nuits entiers à Chicory Hall sans jamais le quitter ?

Mais même si les dix-huit dollars par semaine de Tom Noseley , gagnés grâce à ses travaux intermittents dans la cuisson de la chicorée, ne devaient pas être méprisés comme le noyau substantiel de notre trésor, ils n'étaient pas suffisants pour fournir un peu de nourriture et beaucoup de boisson à environ six boxeurs valides. au chômage. Le personnel régulier comprenait Jerry Slattery, le Limerick Terror ; Mike Ryan, le géant du Montana ; Tom Green et son frère, Patsy Green ; Charlie Carroll et moi.

Le samedi, jour de paie de Tom Noseley , deux ou trois membres du personnel se sont constitués en comité pour accompagner notre hôte au bureau et éviter qu'il ne tombe entre d'autres mains. Son retour a été célébré en se régalant de plusieurs kilos de viande crue hachée et en buvant de nombreux gallons de bière. Dimanche matin, nous avons trouvé le Trésor très épuisé, contenant peut-être juste assez pour revigorer nos esprits abattus et endoloris en achetant plusieurs pintes de l' huile de fusel la plus vile , défilant sous le nom de whisky, jamais fabriquée.

Le jour du sabbat, le jour de repos, désigné par le Maître, a été passé par nous dans une paix tranquille. Que la paix soit une conséquence de l'hilarité turbulente de la nuit précédente, et non un désir de vivre selon les préceptes divins, n'est qu'un simple détail.

Au début de notre séjour à Chicory Hall, notre fête du samedi était généralement suivie d'une famine jusqu'à la fin de la semaine suivante. Cela fut quelque peu atténué par une heureuse inspiration de « Lamby », un personnage de la localité.

" Lamby " - personne ne le connaissait sous un autre nom - avait une cachette et un endroit mystérieux pour dormir, mais il était épris de notre Bohême souterraine et passait tout son temps libre - qui était pratiquement tout son temps, à l'exception des heures consacrées au sommeil - avec la salle des Chevaliers de Chicorée. C'était un garçon d'environ dix-sept ans, mesurant plus de six pieds, à la voix sifflante et plein d'opinions et d'idées les plus inattendues.

Il y avait de bonnes choses dans " Lamby ", comme dans beaucoup de garçons de l'East Side, qui, par l'environnement et les circonstances, sont conduits vers le mal, ou, du moins, vers des vies inutiles. Le cœur de " Lamby " était plus gros que toute sa carcasse. Être son ami signifiait que « Lamby » pensait qu'il était de son devoir de consacrer les trois quarts de tous ses biens temporaires à la cimentation de cette amitié.

J'ai fait la connaissance de " Lamby " dans des conditions peu pratiques. Il n'avait pas encore le droit de voter. Cela ne l'a pas empêché de formuler les opinions les plus tranchées sur les personnages et les principes politiques. Au cours de l'élection qui m'a fait connaître, « Lamby », pour une raison inconnue, faisait un « stupéfiant » individuel le plus enthousiaste pour le candidat d'un des partis travaillistes. Les partisans du parti travailliste ont admis que le candidat en question n'avait absolument aucune chance d'être élu et que l'ensemble de leur liste de candidats n'était présente sur le terrain que pour faire de la propagande, pour ouvrir la voie à des possibilités futures. Tout cela n'empêchait pas « Lamby » de faire l'éloge du travailleur en toute occasion.

Dans l'un de ses nombreux éloges funèbres, " Lamby " s'est heurté à l'opposition d'un membre de l'organisation locale qui, en riant, a proposé de parier n'importe quel montant que le candidat tant vanté n'obtiendrait pas cinquante voix. Cela a suscité l'ire du champion du travail.

"Dis," cria " Lamby " à son adversaire, " tu sais que je n'ai pas d'argent à parier et c'est pourquoi tu as si hâte de me parier. Si tu es au niveau dans ce domaine, je te le dirai. vous ce que je ferai. Vous investissez votre argent et si Kaltwasser n'est pas élu, je ne parlerai à aucun être humain pendant un mois.

L'homme politique accepta ce pari insolite et, quelques semaines plus tard, « Lamby », par son propre décret, se retrouva condamné à un mois de silence.

Et " Lamby " adorait parler !

C'était un dilemme effrayant, mais laissez à un garçon de Bowery le soin de se sortir du pétrin.

Au cours d'une de ses promenades, « Lamby » avait rencontré Rags et, impressionné par une certaine similitude dans leur apparence et leur caractère, l'avait immédiatement désigné comme son ami et compagnon inséparable.

Rags était un chien d'origine et de race indescriptibles. Ses longues jambes bancales et disgracieuses équilibraient à peine un corps long et hirsute, drapé d'une masse froncée et kaléidoscopique de cheveux raides. La couleur des yeux de Rags n'a pas pu être déterminée, des franges de mèches emmêlées les cachant entièrement à la vue.

Pour une raison obscure, « Lamby » conçut l'idée que l'usage des membres inférieurs s'avérerait préjudiciable à Rags, et le bâtard – pesant sûrement au moins cinquante livres – passa la plupart de son temps dans les bras aimants de son adorable ami.

L'occasion de rendre une partie du dévouement de son ami, en se rendant utile à lui, se présenta à Rags pendant la période où la langue de « Lamby » était empêchée de sa fonction favorite pendant un mois de silence. L'engagement de « Lamby » de ne pas parler à un être humain pendant un mois n'a jamais été rompu, mais il a trouvé le moyen de s'exprimer à Rags sur des tons si forts et si distincts que personne n'a eu de difficulté à suivre le fil de la conversation.

Il y avait tellement d'ingéniosité dans le plan que le politicien du quartier a déclaré le pari annulé et a présenté à " Lamby " une partie de l'argent de la mise.

Un lundi, alors que la fête du samedi n'était plus qu'un doux souvenir et que la famine de la semaine s'était installée avec une force convaincante, Tom Noseley et son équipe d'amis, dont « Lamby » et Rags, qui se tenaient dans l'ombre d'un coin était assis, inconsolable, dans la pénombre sombre de Chicory Hall.

« Est-ce qu'aucun de vous n'a d'argent ? » interrogea Jerry Slattery contre tout espoir.

La question était trop absurde pour mériter une réponse.

"Eh bien, qu'allons-nous faire ?" poursuivi la terreur de Limerick ; "J'ai faim et je n'en peux plus. Rien à manger ni rien à boire ; c'est pire que d'être sur les fesses à la campagne, au milieu des graines de foin. Si je n'obtiens pas bientôt quelque chose ici, Je vais aller au Bowery et voir si je ne peux pas récupérer quelque chose. »

La harangue passa sous nos oreilles sans commentaire. Un silence plus profond et sombre. Puis tout le monde se tourna vers l'endroit où la toux préambule de « Lamby » annonçait un dialogue monologue .

"Rags", commença le sage silencieux de Chicory Hall, "que ferions-nous, vous et moi, si nous avions faim et n'étions pas aussi délicats que nous ? N'irions-nous pas, vous et moi, dans l'allée Lafayette pour examiner ces poulets ? qui ne semblent appartenir à personne ? Ne pourrions- nous pas les utiliser sous la forme d'un de ces bons ragoûts de poulet avec beaucoup de pommes de terre et d'oignons dedans ? N'est- ce pas dommage que vous et moi le soyons aussi ? c'est délicat de courir après ces poules et que nous n'avons pas le droit de parler pour pouvoir dire aux autres comment se procurer un repas qui les chatouillera à mort ?

L'intimidateur " Lamby ".

En moins de cinq minutes, une bande de maraudeurs, petite mais déterminée, se fraya un chemin furtif dans l'allée Lafayette. Chacun des voleurs costauds s'efforçait de réduire son grand corps à la plus petite étendue. L'allée aboutissait à un hameau d'écuries délabrées, à l'arrière d'un établissement balnéaire réputé. L'endroit était désert pendant la journée car tous les occupants, hommes et animaux, étaient dans les rues poursuivant leur vocation énergique de colportage. Comme je l'ai dit, l'endroit était désert, à l'exception de ces poulets. Dès notre premier appel, les poules, jeunes et vieilles, ont commencé à disparaître.

Pendant plus d'une semaine, nous nous sommes régalés de poulet. Nous les avions dans tous les styles de cuisine connus. Notre menu comprenait du poulet frit, cuit au four, mijoté, grillé et fricassé. Mais un jour vint où il ne restait plus du troupeau de poussins qu'un gros coq noir.

Je ne l'oublierai jamais, car c'était mon destin d'être son ravisseur.

C'était sûrement un général d'un ordre remarquable. Nous l'avions souvent pourchassé, mais il avait toujours réussi à nous échapper par quelque mouvement savamment exécuté.

Ce survivant de sa race irrita ma détermination et, soutenu et flanqué de mes cohortes, je me mis en route pour exterminer les derniers du clan. Lançant son défi dans de nombreux ricanements et corbeaux étouffés, le héros noir courait de long en large dans la cour, esquivant, autant que possible, sous certains des chariots et camions inutilisés qui se trouvaient là. Mais la fuite était impossible.

Acculé dans un coin, il m'a fait face, moi et mon sac, avec un héroïsme splendide. Il a rencontré le piège mortel qui s'abaissait par un bond furieux, et, lorsque moi et le sac sommes tombés sur lui, nous avons été accueillis par une pluie de picotements et de griffes furieux.

Oh, courageux descendant d'une courageuse ascendance, tu as noblement affronté le destin inévitable ! Vous n'êtes jamais né pour être mangé ; tu étais le fils dur d'un père dur ! D'abord, vous vous êtes battu avec brio pour éviter d'être capturé, puis vous avez résisté avec le plus d'obstination à être dévoré ! Bouilli, mijoté, frit, haché, vous êtes resté dur, et, même dans la mort, vous nous avez défiés ! Vous avez échappé au destin de vos frères les plus faibles, car vous n'avez jamais été mangé !

Les poulaillers ne sont pas nombreux sur le Bowery. Après avoir trouvé et démoli l'oasis à plumes, nous nous trouvâmes de nouveau dans une situation désespérée.

Encore une fois, " Lamby " s'est avéré notre sauveur.

Lui et Rags, avec l'histoire du pari extraordinaire, ont été découverts par un journaliste et ont acquis une renommée dans la presse. " Lamby " et Rags devinrent des célébrités et daignèrent recevoir leurs nombreux visiteurs dans la jolie salle de réception du Chicory Hall. Un peu de glamour se reflétait sur nous, les personnages mineurs de la comédie, et les visiteurs devenaient assez fréquents pour contempler la « Bohême vraiment charmante et typique du monde inférieur ».

Mais les visiteurs ne rappelleront pas à moins que vous rendiez leur première visite divertissante. Comment pourrions-nous les divertir ? Aucun d'entre nous n'avait encore un esprit littéraire et n'était prêt à proposer des lectures ou des sélections de Shakespeare, Lowell ou Browning. Certains d'entre nous étaient des comédiens réputés, mais il est très douteux que notre humour aurait séduit la classe de personnes qui nous honoraient de leurs visites. Il ne restait plus qu'à proposer du divertissement dans le seul domaine que nous maîtrisions tous. La salle de réception de Chicory Hall est devenue une arène improvisée et des combats s'y sont déroulés qui, pour leur férocité et leur entêtement sanglant, n'ont jamais été vaincus.

Il serait tout à fait logique de supposer ici que nos visiteurs étaient du genre tapageur et de tout le sexe masculin. J'aimerais pouvoir vous dire le contraire, mais la vérité est que les « meilleures familles » étaient représentées à nos séances nocturnes par des membres plus jeunes des deux sexes.

Au fil du temps, Chicory Hall est devenu un véritable « lieu d'observation », et il n'était pas inhabituel de voir une file de voitures et de carrosses devant l'humble entrée de la Bohême souterraine. Serais-je un Balzac pour vous décrire une soirée au Chicory Hall.

Au pied des escaliers se trouvait un cercle tracé à la craie sur le sol. Personne, à l'exception des membres réguliers du personnel, n'était autorisé à pénétrer dans l'enceinte sacrée sans déposer une contribution « volontaire » dans le cercle. Le degré de divertissement correspondait à la somme collectée par le cercle.

Sur une rangée de loges, de chaises mutilées, de seaux renversés et autres sièges de fortune, les convives se sont vu servir des boissons à leurs frais en attendant les préliminaires. Au-dessus de leurs têtes, tracée à la peinture blanche sur des murs crasseux, se trouvait cette légende en lettres éparses :

"BIENVENUE À LA SALLE DE CHICORÉE!"

Notre prospérité croissante s'est accompagnée d'améliorations nécessaires, et l'éclairage au gaz solitaire a été renforcé par une lampe à pétrole à l'odeur trouble, que je ne me souviens jamais avoir vue surmontée d'une cheminée intacte . La porte, à cause de l'animation qui régnait à l'intérieur, dut rester fermée, et l'on imagine aisément l'atmosphère qui régnait dans la cave, faute d'aération.

Pourtant, nos invités ont continué à venir et se sont vraiment amusés parce que « tout cela était si charmant, réaliste et étrange ».

Etant le membre le plus régulier de la Chicorée et rarement absent de la salle, c'est tout naturellement que je participais à la plupart des "go" en cave. Je me sentais dans mon élément. Ni le marquis de Queensberry ni les règles du ring de Londres n'étaient strictement appliquées, et ma méchanceté avait toute son ampleur, nos invités – hommes et femmes de la « meilleure » classe – n'aimant rien de plus qu'une « fin à élimination directe ».

C'est principalement à cause de ma sauvagerie que le dernier vestige de combats réglementés a disparu de nos "set-tos", et nos performances sont tombées au niveau de mêlées "à volonté". Ma réputation de brute précieuse s'est rapidement accrue, et encore une fois, un certain groupe d'hommes ont vu en moi une probabilité.

On m'a demandé si je combattrais n'importe quoi et n'importe qui, quelles que soient les conditions. Question facile à répondre pour un homme qui, en pleine possession de toutes ses forces, ne connaissait aucune autre influence déterminante que son instinct brutal.

Ne sachant pas ou ne me souciant pas de qui serait mon adversaire, j'ai laissé tous les arrangements aux passionnés et, en temps voulu, j'ai été présenté à M. Mickey Davis, qui a eu le grand honneur d'être le champion de combat brutal de New York.

Telles étaient les conditions de notre rencontre : nous devions être enfermés dans une pièce, avec le privilège d'utiliser tous les moyens pour nous vaincre.

Bien sûr, les armes étaient exclues, mais toutes les autres plaisanteries comme mordre, griffer, étouffer, arracher étaient non seulement autorisées, mais vraiment essentielles. Celui qui demandait le premier qu'on ouvre la porte et qu'on l'emmène hors de la pièce était le perdant.

J'ai tenu le championnat pendant un certain temps. En fait, j'y ai renoncé volontairement peu de temps après, à cause de plusieurs changements survenus dans ma vie.

Je ne vous en voudrais pas le moins du monde si vous éprouviez du dégoût et du mépris à mon égard pour l'avoir écrit et pour vous en être apparemment glorifié. Votre dégoût est justifié, votre mépris ne l'est pas. Je suis moi-même dégoûté de mon passé et de ses différentes étapes de dégradation, mais je me suis engagé à vous dire la vérité, et je le fais et je le ferai.

Peut-être me mépriserez-vous pour cela, mais mettez-vous à ma place et vous serez moins sévère. Il y avait quelque chose qui couvait et fermentait en moi qui voulait s'affirmer. Je voulais être quelqu'un; pour reussir. C'est un aveu franc.

Allez-vous reprocher à un aveugle d'avoir choisi le mauvais chemin à la croisée des chemins ? Ne allez-vous pas plutôt le conduire dans la bonne direction ?

N'étais-je pas aveugle lorsque je me trouvais sur l'autoroute de la vie et que je ne pouvais pas voir le doigt pointé qui disait : « À la décence, à l'utilité et à la virilité » ?

Et il n'y avait personne pour me guider.

Oui, critiquez , ricanez, si vous voulez, mais n'oubliez pas que dans ma vie il n'y a eu ni amour ni guidance parentale ni influence morale.

L'obtention de mon championnat a ravivé en moi l'intérêt du « milieu sportif » du Bowery, et plusieurs offres flatteuses m'ont été faites par certains plongeurs. J'ai changé d'endroit en endroit et j'ai laissé derrière moi une telle trace d'actes nobles que je me suis rapidement retrouvé une véritable célébrité et un homme avec un nom.

Je n'ai jamais eu aucune difficulté à trouver du travail selon ma vocation, celle de « videur », appelé, par politesse, « chef d'étage », car mes relations avec n'importe quel endroit signifiaient des clients supplémentaires. J'étais magnifiquement équipé pour ce poste et ma renommée n'a cessé de croître jusqu'à ce que je me croie sur la voie sûre du succès.

J'ai raisonné avec moi-même et j'en ai tiré les déductions suivantes : j'étais craint à cause de ma brutalité ; J'étais respecté à cause de mon « caractère carré », qui n'avait jamais été sérieusement tenté ; J'avais plus d'argent que jamais auparavant ; Je portais des vêtements bien faits, quoique flashy ; l'envie grogneuse de mes camarades et amis moins fortunés chantait comme un doux refrain à mes oreilles ; J'étais fort, vicieux et en bonne santé. Pourquoi, pourquoi ne devrais-je pas me considérer comme ayant réussi ?

CHAPITRE VII.

Mon bon vieux copain.

Nous voici arrivés à un stade de mon histoire où je dois vous présenter le plus cher ami de tous, mon bon vieux copain, mon Bill.

Bill n'est qu'un chien, mais lorsque les portes de mon passé se sont fermées derrière moi, il a été le seul à pouvoir se faufiler entre elles et accéder à ma vie meilleure. Il est la seule relique de mes autres jours et un témoin vivant de mon souvenir.

Et qui peut le dire, mais lui aussi a peut-être subi une transformation, si cela était nécessaire dans son cas. Il a toujours été fidèle, vrai et loyal, et que penseriez-vous de moi si je le répudiais maintenant ?

Ceux qui me connaissent croient et vous croiront que je n'ai pas l'ombre d'un désir de retirer un iota à l'œuvre accomplie par mon petit martyr, mais je serais grossièrement injuste si je privais Bill du crédit qui lui est dû pour sa part. dans la fabrication de moi.

Je suis un homme; Je le sens. Mon âme et ma conscience me le disent, et envers toutes les forces et tous les facteurs qui se sont combinés dans ma transformation, j'ai une dette de gratitude que seuls les actes, et non les mots, peuvent rembourser. Si cette mention de Bill vous démontre qu'il a joué un rôle important dans ma régénération, alors je lui aurai payé une partie de ma dette.

Il n'y a pas si longtemps, le recteur d'une église à la mode de New York a affirmé sans détour que les chiens ont plus que de l'intelligence ; qu'ils ont une âme. Bien entendu, cette affirmation a provoqué une tempête d'indignation et un flot de discussions dans de nombreux cercles. Les chiens ont ensuite été classés très bas dans la liste des valeurs intellectuelles par les représentants de ces cercles.

Il est heureux que je ne sois pas suffisamment instruit ou instruit pour avoir une voix autoritaire ou décisive en la matière, car cela m'épargnera des critiques si je deviens trop enthousiasmé pour ma bonne bête stupide et sans âme.

Pourtant, je souhaite, je prie et j'espère qu'il a une âme.

* * * * *

Entre First et Houston Street , sur Bowery, se trouvait un saloon connu dans tout le pays comme le « repaire » des durs et des escrocs les plus notoires du pays. Pourtant, l'endroit était visité chaque nuit par des personnes appelées

« dames et messieurs », des représentants, des spécimens, des « meilleures » classes de la société.

J'y étais employé comme « videur ». Mon devoir nocturne consistait à réprimer les troubles de toute sorte et à tous risques.

Le personnel commercial de mon employeur comprenait un certain nombre d'hommes réputés pour leur habileté au toucher et qui, à des moments divers et fréquents, s'étaient fait prendre en photo gratuitement dans un certain bâtiment d'apparence sombre de la rue Mulberry .

Leur code d'éthique – jamais adopté par le grand public – était des plus élastiques. Pourtant, il y a eu des moments où ils ont dépassé les limites de l'étiquette de Bowery et il est alors devenu mon devoir douloureux de me lever avec une juste indignation et de les frapper pour qu'ils voient l'erreur de leurs voies.

Une nuit, un homme d'âge moyen d'apparence respectable, manifestement l'hôte d'un groupe de « touristes », se disputa avec un membre de la noblesse mentionnée. Il y eut un tapage assez intense pour détourner l'attention des autres clients de leur devoir le plus important, celui de dépenser leur argent, et je fus obligé d'y participer.

Je m'aperçus rapidement que le « touriste » et ses amis « dépensaient » généreusement et, avec une grande démonstration d'effet dramatique, j'expulsai le fainéant, qui était déjà devenu résolument menaçant. Que quelques minutes plus tard, il ait retrouvé le chemin du retour par la petite porte latérale toujours pratique, ce n'était pas un fait rendu public.

Mon élégant « touriste » avait été quelque peu dégrisé par l'événement et m'a remercié avec effusion de l'avoir si vaillamment secouru. Un sentiment persistant de honte et la prise de conscience de sa position l'ont poussé à rentrer chez lui, mais avant de partir, il a insisté pour que je vienne chez lui le lendemain pour être convenablement récompensé de l'avoir empêché de sombrer davantage dans le mépris du mépris.

La cupidité était alors l'un de mes nombreux péchés, et sans perdre de temps, j'ai appelé à l'adresse qui m'avait été indiquée. C'était une demeure plutôt prétentieuse dans l'une des artères de New York où il fait bon vivre, et je ne pouvais m'empêcher de spéculer sur la constitution morale d'un homme qui pourrait quitter cette demeure de confort et de joie familiale pour passer ses heures de loisirs dans un "bon moment" lors d'une plongée Bowery. Même si je ne savais ni lire ni écrire à cette époque et que je n'étais pas sensible aux motivations les plus fines du monde, un tel acte de la part d'un homme qui avait tout ce que la vie pouvait donner, semblait être au-delà de la portée de l'intelligence humaine et de mes capacités. humble compréhension.

L'accueil qui me fut réservé ne fut pas très cordial. Il semblait me considérer comme un maître chanteur et, hélas ! il avait presque raison dans son estimation. Après m'avoir supplié ĉe ne dire un mot à personne de son aventure nocturne, il m'invita à le suivre jusqu'à l'écurie située à l'arrière de la maison, où je devais recevoir la récompense de ma bonne conduite.

Mes espoirs sont tombés à cause de cela.

Les écuries sont les lieux d'hébergement des chevaux, et j'ai commencé à me demander s'il pouvait imaginer les conséquences si j'essayais de conduire un cheval cadeau à travers les rues jusqu'au Bowery. La police, du moins, est très prudente lorsqu'elle s'occupe des chevaux égarés et se réjouit de trouver, par hasard, un prétendu propriétaire à l'autre bout de la corde du licou.

Je lui ai parlé de tout cela, mais il s'est contenté de rire et m'a dit d'attendre. Il m'a emmené dans une stalle et m'a montré avec fierté une portée de taureaux de race pure qui faisaient une sieste au sein de leur mère. Il se baissa et, un par un, les souleva par la peau du cou pour mon inspection.

J'ai été déçu, j'ai vu mon rêve de récompense s'évaporer et je n'ai pu gâcher aucun intérêt pour l'exposition canine.

Mon aversion pour tous les chiens datait de mes années comme vendeur de journaux à Park Row. Un petit chien sans abri, un bâtard cherchant un peu de sympathie dans sa misérable existence, m'a un jour fait des ouvertures amicales. J'étais encore une brute – bestiale, cruelle – et j'envoyais le pauvre être en train de crier d'un coup de pied. Dès qu'il a repris pied, il a attendu son opportunité et m'a ensuite mordu à la jambe.

C'est pourquoi je détestais les chiens et je me délectais de l'exécution de ma haine.

J'ai observé les chiots avec un dégoût mal dissimulé. Les petits gros gars restèrent mous et apathiques jusqu'à ce qu'ils retombent dans leur nid. Au moment où je m'apprêtais à proposer un compromis au comptant, un petit coquin, différent de ses frères, a été élevé à l'examen. Au lieu de rester tranquillement suspendu comme le reste de la jeune génération de la famille, il se tordait et se tortillait, tandis que ses yeux, l'un d'entre eux joliment encadré de noir, brillaient de jeu, d'attrait et de bonne humeur.

L'ombre d'un sourire devait être sur mes lèvres, car le propriétaire a placé le chiot dans mes bras et me l'a présenté.

Mon premier réflexe fut de laisser tomber le chiot et de le remettre dans la stalle, mais le petit bonhomme semblait considérer son accueil comme une chose comprise et, avec un soupir de contentement, il se blottit dans le creux de mon bras. Il était sur mon côté gauche, et sa chaleur devait être contagieuse, car je sentais une lueur étrange, quoique terne, s'insinuer dans mon cœur.

Facture.

Sans savoir exactement ce que je faisais, j'ai glissé ma nouvelle propriété sous mon manteau et me suis dirigé vers ma chambre. Il s'agit de savoir si le chiot a gagné grâce à l'échange de quartiers. Ma chambre était au dernier étage d'un immeuble à l'ancienne. Le plafond était incliné et ne pouvait pas résister efficacement à la pluie. Des quatre panneaux de verre d'origine de la fenêtre, il n'en restait que deux, le papier ayant remplacé les autres. Il y avait un lit de camp, une chaise à trois pieds, un lavabo avec une cuvette fissurée et un pichet.

J'ai déposé le chiot sur le lit de camp et j'avais l'intention de noter comment il s'adapterait à son nouvel environnement. Il ne les a pas remarqués. D'abord, il s'est accroupi et m'a regardé attentivement. J'ai dû passer l'inspection car, ne me voyant pas m'approcher, il s'approcha du bord du lit et poussa un petit gémissement. J'avais l'intention de l'attraper par le cou et de le jeter au sol, mais quand ma main l'a touché, il s'est senti si doux et si chaud, et... eh bien, je l'ai tapoté. Bien sûr, je n'avais pas l'intention de permettre à un chiot de changer la teneur de ma vie. Ce soir-là, je me rendis au saloon à l'heure habituelle et fis mon « devoir » aussi bien qu'avant. Cependant, à des moments étranges, je pensais au petit bonhomme dans la pièce.

Nous avions l'habitude de passer la majeure partie de la nuit à boire et à faire la fête après la fermeture des bureaux. Mais le lendemain de l'arrivée du chiot, j'ai pensé qu'il valait mieux aller immédiatement dans ma chambre, car il aurait pu bouleverser les choses ou causer d'autres dégâts. C'est ce que j'ai essayé de me faire croire – un exploit plutôt difficile compte tenu de l'énorme corpulence et de la férocité du chiot – sans me soucier d'interpréter mes sentiments. J'ai ouvert la porte de ma chambre mansardée et j'ai jeté un coup d'œil à l'intérieur. Le petit bonhomme était recroquevillé sur la couverture et ne s'est réveillé que lorsque je me suis tenu à côté de lui. Puis il leva son petit nez, me reconnut et repartit au pays des rêves canins.

Comme j'étais accablé par le chien, je ne pouvais pas le laisser mourir de faim. Ainsi, mes voisins avaient devant eux le merveilleux spectacle quotidien de me voir, le champion de la bagarre de la ville, aller à l'épicerie du coin et acheter pour trois cents de lait et diverses autres gourmandises adaptées à ma chambre. -copain. S'ils l'avaient pris avec bonhomie, j'aurais eu honte et le chiot se serait mal comporté dans ses soins, mais mes voisins se moquaient et souriaient de ma démarche inhabituelle qui semblait plutôt incongrue, et, principalement pour les contrarier et leur donner un J'ai eu l'occasion de briser leur silence amusé si j'ai persisté à jouer mon nouveau rôle, celui de soigneur et de nourrice de Son Altesse Royale le chien.

Je me suis habitué à lui, d'une manière ou d'une autre, et, même s'il accordait très peu d'affection au chiot, il semblait extrêmement heureux en ma compagnie. Nous étions ensemble depuis un certain temps avant que je sois sûr de nos positions relatives. Le trouvant toujours endormi à mon retour du salon, je fus surpris de l'entendre bouger, un matin, alors que j'introduisais la clé dans la serrure. J'ai ouvert la porte et devant moi le chiot dansait dans une véritable frénésie de plaisir à me voir. Ceci n'étant pas un essai psychologique, mais seulement une histoire simple et vraie, je ne tenterai pas de l'analyser, mais je vous raconterai des faits clairs et directs.

C'était pour moi une sensation nouvelle et déconcertante de percevoir un être vivant si heureux de mon apparence. C'était un accueil nouveau, étrange, peut-être pas tout à fait désintéressé, car le lait et les bonnes choses à manger m'accompagnaient généralement, mais néanmoins beaucoup plus pur et sincère que le salut "bonjour" ou l'invitation à boire à haute voix accordée. moi par des compagnons grivois.

Je ne m'étais pas encore ramolli, du moins, je ne m'en rendais pas compte, ou je ne voulais pas l'admettre, mais dans des moments occasionnels, inaperçus, une chute sporadique et spontanée de la coque extérieure dure me venait et je ne le nierais pas jusqu'à ce que mon " virilité" m'a murmuré : "Pourquoi, qu'as-tu ? N'as-tu pas honte de céder à tes sentiments ? Tu es un homme, un homme grand, dur, et tu n'es pas censé avoir des émotions plus douces. rassemblez-vous et redevenez un membre digne de votre classe ! »

J'ai dû être dans une de ces humeurs plus douces le matin où le chiot a donné sa première reconnaissance franche. Pourquoi j'ai fait cela, je ne le sais pas, mais j'ai pris le petit garçon dans mes bras et je me suis assis sur le lit. Pour nous deux, un moment critique était arrivé et il valait mieux en profiter au maximum.

"Est-ce que tu m'aimes bien, mon chiot ?" J'ai demandé très sérieusement.

Bénis-moi, si cette petite chose n'essayait pas d'aboyer un « Oui ! » catégorique. Oh, ce n'était pas un grognement ou un grognement grave. C'était le premier effort du chiot dans la ligne d'aboiement, et cela ressemblait beaucoup à un mélange de gémissements et de grognements. Mais j'ai compris et nous nous sommes mis à discuter.

J'ai réalisé que le chiot avait le droit d'être nommé et que cette question était en premier lieu.

"Tu vois, mon chiot ; toi et moi sommes des gens très simples et ordinaires, et il ne faudrait pas te donner un nom 'aigu'. Maintenant, que dis-tu à 'Bill' ? - tout simplement 'Bill' ?"

La motion fut rapidement adoptée, puis Bill et moi allâmes discuter d'autres questions.

"Bill, toi et moi ne sommes pas surchargés d'amis. Si toi et moi devions mourir au même moment, même un coq ou un corbeau ne croasserait pas un requiem pour nous. Maintenant, je vais vous faire une proposition. Vous Vous êtes sans amis, et moi aussi ; vous êtes laid et moi aussi ; vous appartenez à la classe la plus inintelligente de votre espèce et moi aussi, pourquoi ne pas établir un partenariat entre nous ?

Bill était assis, observant mes lèvres et paraissant aussi sage qu'un sphinx, jusqu'à ce que je pose la question. Il répondit par l'affirmative, sans une seconde d'hésitation.

"Je suis content que ma proposition te plaise, Bill. Maintenant, toi et moi allons vivre notre propre vie, sans égard pour les autres. Nous allons nous serrer les coudes, Bill ; nous allons être loyaux l'un envers l'autre. et, même si nous ne valons pas grand-chose au monde, nous devons être les uns pour les autres les meilleurs de notre classe. Nous allons être de vrais amis.

J'ai pris la patte de Bill et, sur place, nous avons scellé le pacte, qui n'a jamais été rompu.

Notre relation étant fondée sur cette base, je passais une bonne partie de mon temps libre dans la chambre qui, jusqu'à l'arrivée de Bill, n'était que mon lieu de couchage. Bientôt, les murs nus et l'état délabré des meubles ont commencé à m'irriter et, petit à petit, j'ai amélioré notre *maison* . J'ai acheté quelques tableaux chez un colporteur, j'ai acheté deux moulages en plâtre chez un Italien et j'ai même employé un vitrier pour remettre notre fenêtre en bon état. Bill et moi étions fiers de notre maison et pensions que c'était le summum du confort. Vous voyez, aucun de nous n'avait jamais connu de vraie maison.

Mais les chiens, aussi bien que les hommes, ont besoin d'exercice, et, dans l'après-midi, vêtus de nos plus beaux atours - Bill avec son collier scintillant, pour lequel le produit d'une nuit entière avait été dépensé - nous avons fait notre promenade le long de l'avenue. Il était magnifiquement laid, et les plaisanteries habituelles, telles que : « Quel est le chien ? nous ont souvent été infligés. Mais cela ne nous dérangeait pas, étant un cabinet d'associés bien établi, qui pouvait se permettre d'ignorer les commentaires de simples étrangers.

Au milieu de notre prospérité, il y a eu une rupture inattendue. Une vague de réformes a déferlé sur la ville et a fermé la plupart des « stations balnéaires ». La perte de mon poste nous a laissé dans une situation financière très précaire.

Bill et moi avions vécu dans un style qui convenait à deux célébrités. Les steaks de porterhouse, les côtelettes fines et les côtelettes figuraient fréquemment sur nos menus. La chute a été soudaine et catégorique. Les ragoûts, le foie frit et le hachis remplaçaient les anciens repas copieux, et nos constitutions ne se portaient pas très bien. Cela ne s'est même pas arrêté là, car nous étions bientôt *des habitués* des comptoirs de restauration gratuite. Cela me brisait souvent le cœur de voir mon Bill, bien élevé et bien sanglant, se nourrir des restes qui lui étaient jetés depuis un comptoir-repas. Mais il y avait un chien pour toi ! Au lieu de bousculer le plat ou de le manger avec grognement et dégoût, Bill dévorait les tripes marinées ou le corned-beef avec une délectation bien feinte. Entre les bouchées, son regard cherchait le mien et il disait tout net : « Ne vous inquiétez pas pour moi. Je me débrouille très bien avec les tripes aigres. En fait, c'est un de mes plats préférés.

Pauvre Bill sans âme, dont beaucoup d'hommes ; avec les âmes, pourrait apprendre une leçon de courage et de courage !

Pendant cette période d'oisiveté, nos heures dans la chambre étaient moins gaies qu'auparavant. Je dois avouer que mon « blues » était inspiré par des soucis matériels, et non par des regrets ou des reproches ; mais, quelle qu'en soit la cause, ils étaient assis sur moi de manière oppressante, et je me retrouvais souvent dans une atmosphère des plus ultra indigo . Il ne fallut pas longtemps à Bill pour comprendre ces humeurs et, du fait de son partenariat, il contribua à les dissiper.

Il se plaçait directement devant moi et me regardait avec un regard sans faille. Ne remarquant aucun effet de ses suggestions hypnotiques, il allait plus loin et posait sa patte sur mon genou, avec un petit gémissement suppliant. Ayant éveillé mon attention, il se mettait dans une posture oratoire appropriée et desserrait les vannes de sa rhétorique.

"Dis, Kil , je t'ai attribué plus de bon sens et de courage. Tu es là, assis, les mains sur tes genoux, et déplorant un destin qui est en grande partie de ta faute. De plus, excuse-moi d'être si brutalement franc, tu Vous devriez avoir honte de vous. Grand et fort, vous vivez dans l'oisiveté, et maintenant vous vous battez parce que vous êtes déprimé et privé de vos moyens de subsistance méprisables. Owen Kildare, préparez-vous et soyez un homme. Je suis là. C'est vrai, je ne suis qu'un chien, une brute sans âme, mais je suis ton Bill, et nous allons rester jusqu'à ce que nous gagnions tous les deux !"

Vous ne m'offenserez pas en me traitant d'idiot pour avoir mis ces mots dans la bouche de Bill. Peut-être ai-je une grande erreur en croyant que Bill n'était pas sans influence sur moi, ou que je pouvais le comprendre ; peut-être n'était-ce que de l'imagination, mais si c'était le cas - et j'en doute - c'était bien, car, quoi qu'il en soit, qu'il s'agisse d'imagination, d'inspiration ou d'aspiration, si cela mène vers le haut et non vers le bas, cela ne peut pas être trop élevé. apprécié.

Il y avait des moments où le discours de Bill était moins convaincant ou ma période de blues plus prononcée que d'habitude, et il recourait alors à des mesures plus drastiques. Il entreprit de prouver par la leçon de choses la plus frappante qu'un entrain d'esprit est la première chose essentielle. Les chiens, lorsqu'ils sont gais et joueurs, courent et s'ébattent. Bill faisait croire qu'il était gay, il s'ébattait, courait et courait. Si vous prenez note du fait que les mesures exactes de la pièce mesuraient quinze pieds sur douze, vous pouvez facilement imaginer les difficultés rencontrées par l'exercice de Bill. Reniflant et soufflant, il gambadait dans l'enceinte étroite, se heurtant tantôt à un montant de lit, tantôt se cognant contre le lavabo tremblant. Mais il arrivait toujours à son but, car, avant de s'effondrer sous l'effort, il ne manquait jamais de me mettre dans un paroxysme de rire. Aucun « blues » ne pourra jamais résister à la méthode de Bill.

Pourtant, il n'était qu'une brute — une pauvre et stupide brute.

CHAPITRE VIII.

CHEVALIERS ERRANTS.

Un épisode, survenu vers cette époque, m'entraîna dans des latitudes et des scènes dont je n'avais jamais rêvé auparavant.

Autant que je puisse le comprendre, l'événement s'est produit en mars 1893. J'avoue que, compte tenu de la gravité de l'incident, mon indétermination semble étrange, mais elle est typique de ma classe.

Depuis que j'ai évolué dans différents domaines, je me suis souvent posé cette question et j'ai essayé de me l'expliquer. Aucune autre explication ne semble disponible, sinon que ce mépris des dates, des heures et des lieux est une caractéristique du monde bohème, que ce soit sur le Bowery ou sur le Tenderloin. Récemment, j'en ai eu une illustration.

En préparant un article traitant d'une certaine phase de la vie de Bowery pour un journal, je me suis souvenu d'un homme qui avait été étroitement lié à l'événement même que j'avais l'intention de mentionner. Je l'ai fait appeler et il est venu chez moi, prêt à me raconter tout ce dont il se souvenait. Il a rappelé tout cela et a décrit graphiquement chaque détail.

Enfin, je lui ai demandé de me dire l'année et le mois où cela s'était produit. Cela a provoqué un arrêt immédiat du récit et de nombreuses minutes ont été consacrées à une réflexion sérieuse. Cela n'a servi à rien. Nous avons fixé la date à "environ" telle ou telle année et tel ou tel mois, mais il était impossible de fixer avec précision l'année et le mois.

Et cela compte tenu du fait qu'il s'agissait d'un meurtre de sang froid, que mon informateur en avait été un témoin oculaire et avait passé plusieurs mois dans la maison de détention.

Pourquoi les autres se soucient-ils autant des dates, je l'ignore et ce n'est pas le sujet ici, mais je sais que dans la vie de l'East Side, chaque existence est si remplie de réalité que même les événements les plus importants ne sont que des événements. moment temporaire. Là, les événements sont datés par événements.

Demandez à un homme du Bowery quand il a perdu son père ou sa mère, et il répondra très probablement :

"Oh, il y a environ cinq ou six ans."

Si vous insistez pour une réponse plus précise, il se gratte la tête, réfléchit un moment, puis : « Voyons voir ! Oui, le vieux est mort environ deux mois après ma dernière sortie du pénitencier, et c'était quelque part en 1891. »

Je jouais mon rôle désormais familier de videur chez "Fatty Flynn's", un ancien détenu, qui dirigeait une salle de danse et un plongeur au 34 Bond Street . Il se trouvait à seulement quelques portes du Bowery et était très en vogue parmi les touristes de passage, traversant le Bowery à la recherche de « bons moments ».

Cette nuit-là, deux étudiants de Princeton, vêtus de cache-nez jaune et noir et portant les insignes de leur fraternité, ont visité la salle de danse au cours de leur alouette. Il était un peu tôt pour ce genre de choses, la salle était à moitié vide, et moi, pour faire les honneurs de l'établissement et aussi pour accélérer leurs « achats », je m'avançai vers les deux jeunes hommes pour une conversation « joyeuse ».

Ils étaient très jeunes, possédaient une somme d'argent considérable et semblaient flattés de ma marque de distinction.

Nous avons parlé de la vie "sportive" en général et ils m'ont interrogé sur plusieurs plongées qui ont été les plus notoires de la journée. Comme j'avais travaillé à chaque plongée de notoriété, il ne m'était pas difficile de donner toutes les informations souhaitées. Cela a semblé susciter leur soif de connaissances et ils m'ont invité à faire le troisième de leur groupe et à passer la nuit à aller de plongée en plongée. D'ailleurs, cette affaire de guides non officiels est une autre manière par laquelle l'homme, qui doit vivre selon son intelligence, gagne de nombreux dollars « honnêtes ».

Je n'ai pas pu accepter l'invitation car ils ne m'offraient aucune incitation financière et, comme cela n'a pas été le cas, je me suis senti obligé de rester fidèle à mon poste et à mon employeur. Cependant, c'était une nuit pluvieuse, les affaires étaient lentes et mes chances de gagner de l'argent « supplémentaire » très minces, et j'ai confié à l'un de mes serveurs préférés la mission diplomatique de « booster mon jeu » avec les deux étudiants. Émus par leur curiosité et par la stratégie habile de mon émissaire, ils m'ont fait une offre qui était bien plus que ce à quoi je m'attendais, mais que j'ai néanmoins déclinée, jusqu'à ce que mon refus persistant d'utiliser mes services en leur nom ait fait grimper leur offre à un prix inférieur. chiffre que je ne pouvais pas refuser en conscience.

J'ai présenté mes excuses à « Fatty » Flynn et, cela fait, nous avons commencé notre expédition d'étude des conditions sociales et du mal. D'après les normes de temps de plongée, nous avions commencé trop tôt. Il n'était que neuf heures et le « plaisir » des plongées ne commençait presque jamais avant minuit. Néanmoins, grâce à mes conseils avisés, nous avons trouvé un certain nombre de salles de danse où nous pourrions passer les heures intermédiaires au profit des propriétaires respectifs.

Une chose qui m'a vite dégoûté avec mes deux charges, c'est qu'ils ne supportaient pas beaucoup de boisson. Je les ai mis en garde contre trop d'indulgence, car cela les rendrait incapables de profiter des plaisirs à venir, mais la jeunesse est proverbialement obstinée et ils ont continué leur chemin en se réjouissant.

Après avoir quitté le "Golden Horn", une salle de danse bien connue de la 13e rue Est , nous avons emprunté la 3e avenue jusqu'à la 12e rue, où ils ont insisté pour entrer dans un moulin à gin, qui répandait sur notre chemin son éclat criard. . Ce n'était pas une plongée réglementaire et elle était seulement connue comme le rendez-vous d'une bande de durs à cuire, qui rendaient cette partie de l'artère peu sûre pour les étrangers de passage. Il ne faut pas en déduire qu'ils étaient d'apparence négligée. Au contraire, ils étaient plutôt bien habillés.

Nous sommes arrivés sur place au moment le plus inopportun. Une foule de ces types était au bar, dépensant généreusement les bénéfices d'un « truc » réussi. Ils étaient très hilarants ; mes protégés aussi, et j'étais constamment en alerte pour éviter les frictions entre la majorité hilarante et la minorité. Ce n'était pas ma politique de me laisser entraîner dans des querelles inutiles et j'ai supplié les étudiants de continuer notre route vers le centre-ville. Mais ils n'étaient pas en état d'écouter le raisonnement et, attirés par plusieurs histoires impures racontées par des membres de l'autre faction, commencèrent à soigner la « maison » et à se mêler à eux.

Il ne semblait y avoir aucune perspective immédiate de perturbation et je me permis de quitter la pièce pendant quelques minutes. A mon retour, la scène avait complètement changé. La foule s'était rapprochée des étudiants et les menaçait. J'ai appris par la suite qu'un des étudiants s'était offusqué de la rude familiarité d'un des membres de la bande et avait tenté de le frapper. La situation semblait critique, mais pas dangereuse, et j'étais sur le point d'arranger les choses, lorsque mon œil aperçut le reflet d'un objet scintillant d'une manière suspecte. C'était un couteau dans la main du dur offensé et seulement en partie dissimulé par la manche du manteau.

Il se faufilait dans la foule pour se rapprocher de sa proie prévue et l'avait presque atteint lorsque j'ai décidé d'intervenir. Je n'avais pas bien mesuré ma distance, car au moment où je sautais entre les deux hommes, le couteau était sur sa trajectoire descendante et trouva l'accomplissement de sa mission dans mon cou.

Une coupure de trois pouces, à un dixième de pouce de la veine jugulaire, n'est pas exactement le genre de souvenir qu'on prend soin d'emporter avec soi d'une soirée dédiée au « fun » et aux « bons moments ». Et lorsqu'on reste plusieurs semaines à l'hôpital, cela devient décidément ennuyeux. Tout cela fut reconnu par mon nouvel ami, l'étudiant, qui avait été la cause indirecte de ma défiguration, et ayant entre-temps été expulsé de son collège pour quelque folle escapade, il décida de me témoigner sa gratitude, pour ce que il se plaisait à appeler « lui avoir sauvé la vie » en m'emmenant à l'étranger.

"Vous n'êtes pas instruit. Le voyage est le plus grand éducateur, c'est pourquoi je vais vous montrer le monde."

Il ne fallut pas beaucoup de persuasion pour accepter la proposition, et après avoir arrangé une pension pour mon bon vieux Bill, nous partîmes à la découverte du monde.

Les six prochains mois ont été et sont comme un rêve pour moi. J'étais tout à fait disposé à ce qu'on me montre le monde, mais j'incline à croire que j'avais un démonstrateur assez imparfait. Pour être tout à fait franc, je doutais que mon compagnon de voyage connaisse mieux le monde dans son ensemble que moi.

Quoi qu'il en soit, après une escapade précipitée et en zigzag à travers l'Europe, nous avons atterri à Alger avec un capital de coût terriblement réduit. Les cafés de ce Paris africain ont certainement élargi mon éducation.

Un versement attendu de chez moi n'est pas arrivé et mon partenaire est tombé dans une transe de réflexion profonde et réfléchie. La conclusion était que nous, par décret de mon « copain d'université », étions immédiatement nommés aventuriers, soldats de fortune, casse-cou et tout ce qui pouvait nous faire croire que notre condition misérable et bloquée était le tremplin vers de grands et chevaleresques. des actes à venir. Nous nous sommes enrôlés dans la Légion des Étrangers.

Mais la chevalerie perd la moitié de son charme lorsqu'elle se présente en pantalon rouge, en veste bleue et sur le dos d'un Rosinante osseux, vous transportant à travers des étendues et des étendues de sable rougeoyant et brûlant. Bref, la vie d'un soldat africain, banni à l'intérieur et vivant d'une nourriture aussi étrangère à l'estomac de Bowery que le jargon parlé par ses camarades de classe, n'avait absolument aucun charme pour moi.

Je ne suis pas très doué pour dissimuler mes humeurs et mes émotions, et le fait que j'avais le mal du pays, que mon cœur, malgré l'excitation des escarmouches occasionnelles, aspirait à mon vieux Bowery, est devenu évident à mon frère dans la misère. Puis, par une étrange coïncidence, il est également apparu que mon partenaire préférerait de loin être sur Broadway ou sur la Cinquième Avenue plutôt que dans la morne palissade de Degh - delker.

Hélas, le système ferroviaire de cette partie de l'Afrique existait à peine, et même s'il existait, il n'aurait pas été conseillé pour nous de nous éloigner de la civilisation, car le gouvernement voulait bêtement conserver notre précieux service. L'histoire m'apprend que, peu après notre départ, la garnison de Degh -del- ker eut plusieurs affrontements désastreux avec certaines tribus rebelles, qui auraient probablement eu un résultat différent si nous avions tous deux prêté nos armes et nos forces à la cause du drapeau tricolore. drapeau.

Je mentionne cela uniquement pour expliquer la délicatesse avec laquelle j'ai raconté cette expérience. Ni mon ami ni moi n'avons la moindre intention de devenir la cause malheureuse de complications internationales entre notre propre pays et la France, pour avoir privé cette dernière de deux vaillants guerriers comme nous.

Nous, les Bowery, aimons les couleurs et j'avais souvent eu un puissant souhait de pouvoir me montrer dans toute la splendeur de mes vêtements voyants à la bande de ma vieille rue bien-aimée. Garçon Bowery en manteau bleu et pantalon rouge, avec un sabre cliquetant à ses côtés, j'aurais fait le succès de ma vie si j'étais apparu ainsi vêtu dans mes lieux préférés. Cependant, ce plaisir m'a été refusé.

Nous avons réussi à nous procurer des costumes moins époustouflants et, après avoir vaincu les sentinelles, nous avons commencé notre marche vers la côte.

Ce fut un voyage effrayant. Pendant six longues semaines, nous avons marché à travers un sable aveuglant et une chaleur torride, évitant soigneusement tous les villages indigènes et, pourtant, souvent sauvés de la mort juste à temps par les membres de la tribu, qui nous ont trouvés impuissants dans des cachettes.

Depuis la côte, nous avons pelleté la Méditerranée dans la chaufferie du bon navire St. Hélène . C'était un travail étouffant, et à maintes reprises, nous étions remontés des régions d'en bas, jetés sur le pont et ranimés par des courants d'eau froide.

Enfin nous pénétrâmes dans le port de Marseille, où nous comptions trouver une lettre de crédit. C'était là et nous sommes tous deux tombés à genoux dans les remerciements les plus sincères jamais offerts.

On ne peut rien dire de plus sur cet épisode, si ce n'est que nous sentions tous les deux que nous avions été suffisamment éduqués en voyant le monde et que nous avions un besoin urgent de nous à la maison.

Nous n'avons pas perdu de temps pour y arriver.

CHAPITRE IX.

UN JOUEUR À PLUSIEURS RÔLES.

Vous me croirez facilement lorsque je vous dirai que ma toute première tâche en rentrant à la maison fut de retrouver mon bon vieux copain, mon Bill.

Sa résidence temporaire était une écurie. Le propriétaire était une de mes vieilles connaissances et j'étais convaincu que Bill avait été bien traité pendant mon absence. Mais comme je l'avais désiré !

En Europe et en Afrique, j'avais vu des chiens de la race la plus pure et du meilleur pedigree, mais, pour moi, ils n'étaient que des bâtards comparés à mon Bill, mon fidèle garçon. Il n'y avait pas un jour dans nos voyages, où je ne me posais la question : « Je me demande ce que Bill fait en ce moment ?

Et là, j'étais à la maison et je me précipitais pour rencontrer mon copain.

Le propriétaire de l'écurie m'a accueilli à la porte et m'a félicité pour mon retour sain et sauf. Puis il devint sérieux et commença : "Tu vois, ici, Kil , tout ce que nous pouvions faire pour Bill, nous l'avons fait, mais il y a quelque chose qui ne va pas avec lui. Il n'a plus sa nourriture et n'est plus la moitié du chien vif qu'il était."

Je n'ai pas attendu d'en savoir plus, mais je suis allé chercher Bill. Dans le grenier à foin, je l'ai aperçu. Sur un ballot, le plus proche de la fenêtre délabrée, gisait mon Bill, image de la solitude. Il regardait droit devant lui et ne bougeait jamais les yeux.

Je restai debout et l'observai pendant quelques minutes, puis, me plaçant derrière un poteau, je murmurai : « Bill ».

Une oreille s'est relevée, les yeux ont cligné une ou deux fois, mais sinon il est resté inchangé. Il avait peur de faire confiance à ses sens.

J'ai encore murmuré : « Bill, Oh Bill », puis je me suis caché.

Je ne l'ai pas entendu bouger, mais quand j'ai jeté un coup d'œil hors de ma cachette, j'ai trouvé le regard de ses vrais yeux sur moi et, avec un gémissement et un cri, mon Bill et moi étions à nouveau partenaires.

Quelle rencontre cela a été, je ne peux pas vous la décrire, et si je la tentais, vous ririez de notre bêtise. Pourtant, je pense que certains d'entre vous ne riraient pas et que vous n'aurez pas besoin d'une description de la scène.

Cette nuit-là, Bill et moi étions de retour dans notre grenier délabré, et nous nous sommes assis tard dans la matinée pour échanger nos expériences.

Le Divedom était toujours florissant. Le mouvement réformateur s'est apaisé après les élections et la situation s'anime chaque jour davantage. Malgré mon voyage océanique et mon dépaysement, ma santé n'était pas très bonne et il a fallu un temps considérable pour éliminer toute trace de mon aventure africaine.

Il existe une vieille scie allemande qui dit que quiconque part en voyage peut ensuite raconter bien des histoires. N'étant pas assez fort pour reprendre mon ancien métier de « videur », j'ai traîné dans l'arrière-salle de chez Steve Brodie sur le Bowery et je suis devenu un conteur par excellence. Ce n'est pas ma rhétorique ou mon élocution qui ont fait de moi le lion du moment. C'était uniquement la récapitulation de mon voyage, et surtout de mon expérience africaine. Cela ne devrait pas vous étonner, car, je vous l'assure, les garçons de Bowery n'ont pas l'habitude d'étendre leurs tournées au continent noir, limitant leurs excursions principalement à Hoboken et à d'autres terrains de pique-nique pratiques le long de l'Hudson ou de l'East River.

Je ne peux citer le nom de Steve Brodie sans vous raconter une curieuse phase de fraude, qui n'est pas tout à fait dénuée d'humour. En disant cela, je ne fais pas référence aux réalisations de M. Steve Brodie dans la ligne de saut d'obstacles. Qu'il ait réellement sauté du pont de Brooklyn ou d'autres ponts est une question qui ne troublera jamais la sérénité de l'histoire du monde. J'ai peut-être mon opinion et les fondements de celle-ci, mais je n'ai ni l'envie ni le temps de l'exprimer.

Il ne fallut pas très longtemps avant que les récits de mes voyages aient été racontés et répétés, jusqu'à ce que tous les *habitués* du magasin brodien en soient rassasiés. Cela a largement réduit le nombre de boissons achetées pour moi par des auditeurs admiratifs, et j'étais profondément perplexe quant à la manière de combler ce vide douloureux. Je n'étais pas encore complètement capable de "bousculer" beaucoup et je restais coincé dans l'ombre protectrice de l'arrière-boutique de Steve Brodie.

C'était la plus grande chance qui me mettait sur la voie d'une nouvelle « greffe » et m'apportait à nouveau la sécurité de manger et de boire. Je suis devenu un splendide exemple du dicton selon lequel la vie n'est qu'une scène et nous sommes des acteurs de plusieurs rôles.

Le projet s'est finalement développé grâce au culte répandu du héros. Prenez la plus grande célébrité du moment, poussez-la dans une foule qui ignore son identité, et il passera inaperçu. Mais il suffit de l'étiqueter correctement et la multitude s'agenouillera devant l'autre néant.

Or, même si nous avons toujours tendance à adorer les héros, les héros sont plutôt rares et pas toujours pratiques pour l'occasion. C'est particulièrement le cas à Bowery, où de nombreux héros sont toujours censés attendre, "mais ce n'est pas le cas ". Leur présence supposée attire la fréquentation habituelle des fidèles, et c'est uniquement dans le but de ne pas décevoir ces dignes gens que Steve Brodie, avec ma coopération, a arrêté un plan qui s'est avéré satisfaisant dès le départ et qui a été le un moyen de transmettre de nombreux souvenirs agréables dans les maisons de nombreux habitants des villes urbaines et dans les foyers ruraux de notre pays.

Le plan lui-même était très simple et a été imaginé par John Mulvihill , à l'époque distributeur de liquides de l'établissement Brodie.

La loi Horton sur la boxe n'avait pas encore été imaginée et le culte du poing comptait plus d'adeptes que jamais. Quelques-unes des moindres lumières du pugilisme avaient leur quartier général permanent à Brodie's, tandis que certains aspirants aux honneurs de champion et même de vrais champions venaient chaque fois qu'ils se trouvaient dans le quartier.

La renommée bien conçue de Brodie et les nombreuses décorations et images étranges de l'endroit n'ont pas manqué d'attirer beaucoup de gens, et ceux-ci, après avoir inspecté Brodie et les autres bizarreries, se sont invariablement demandés si « des combattants éminents » n'étaient pas présents. En règle générale, Johnnie Mulvihill était capable de produire une certaine célébrité pour satisfaire cette soif de curieux, mais il y avait des moments où le stock de stars était très faible ; alors le plan mentionné a été recouru. C'était l'inspiration née de l'urgence.

Un certain soir, j'étais tranquillement assis dans l'arrière-boutique désolée. Les affaires étaient terriblement lentes. Mon calme fut soudainement perturbé par Mulvihill , qui entra en force par les portes battantes.

"Dis, Kil , tu dois me rendre service. Steve est absent, et il n'y a pas un seul homme solitaire dans cet endroit que je puisse présenter au groupe que j'ai rassemblé contre le bar. Ils viennent juste d'entrer et vont bien. dépensiers, mais je les perdrai si vous ne faites pas ça pour moi.

de Mulvihill , mais, lui redevable de beaucoup de gratitude pour m'avoir offert à boire en cachette et pour avoir souvent partagé avec moi son corned-beef et son chou, j'étais tout à fait disposé à lui rendre le service désiré. ce qui, pensais-je, ne serait rien d'autre que « d'inciter » les hommes du bar à acheter davantage de boissons.

"Non, non", intervint Mulvihill , "ce n'est pas ce que je veux que tu fasses."

Il a immédiatement dévoilé son plan, qui consistait ni plus ni moins à ce que je fasse face au futur bébé sous la forme d'un prétendu Jack Dempsey, célèbre dans tout le pays comme l'un des meilleurs et des plus solides combattants jamais entrés sur un ring.

Naturellement, je me suis rebellé, ne voulant pas m'exposer à une découverte facile de la fraude palpable, mais Mulvihill a plaidé de sa voix la plus convaincante.

" Ne voyez-vous pas, ces gars-là ne connaissent pas Jack Dempsey d' Adam. N'importe quelle vieille chose les convaincrait qu'ils sont en présence du véritable homme, et vous en savez assez sur Jack Dempsey et son histoire pour ne pas vous laisser trébucher. par ces gars, qui n'ont jamais vu un combat de récompense de leur vie.

Qui pourrait résister à une supplication aussi douce ? Je ne pouvais pas et j'ai suivi mon mentor sur le chemin de la tromperie.

Prenant la bonne pose, je suis entré dans le bar et j'ai été cérémonieusement présenté par Mulvihill aux « faciles », qui avaient parcouru une assez longue distance pour profiter de l'éclat d'un vrai combattant.

"Messieurs, permettez-moi de vous présenter le célèbre champion du monde, M. Jack Dempsey", a cité l'astucieux Mulvihill , et m'a ainsi lancé dans un répertoire qui, en nombre de rôles différents, ne peut être surpassé par le acteur le plus polyvalent.

Les visiteurs m'ont pompé les mains et les bras avec un fervent enthousiasme et ont montré leur appréciation de l'honneur qui leur était offert en achetant copieusement de nombreuses tournées de boissons.

Eh bien, le bal était lancé et il a fallu longtemps avant qu'il ne s'arrête.

Le plan s'est avéré étonnamment rentable, du moins pour Steve Brodie, et même si Mulvihill et moi avons dû nous contenter des miettes du festin, nous nous sommes beaucoup amusés et ce n'était pas une mince récompense. Vous pouvez en imaginer une partie lorsque je vous dis que très souvent certains des « touristes » se rappelaient à moi (?) en me rappelant quelque chose qui m'était arrivé (?) dans leur propre ville, ou comment ils m'avaient vu vaincre Tom, Dick ou Harry d'un puissant coup de mon énorme gauche.

S'il y avait du plaisir là-dedans, il y avait aussi une certaine gêne qui y était attachée. Le sexe masculin n'est pas le seul à admirer les prouesses physiques, et des dames, escortées de messieurs, apparaissaient assez fréquemment dans ce sanctuaire de culte pugilistique nouvellement fondé.

Je ne me souviens pas avoir jamais été aussi confus qu'un certain soir où j'ai été choisi pour le rôle de Jake Kilrain , l'homme qui a tenté d'arracher le championnat des poids lourds au redoutable John L. Sullivan. Parmi mon public limité mais reconnaissant se trouvaient plusieurs femmes.

Peu de temps après ma présentation, j'ai remarqué beaucoup de chuchotements parmi les dames. L'une d'elles, la porte-parole, s'est approchée de moi et m'a présenté l'invité des autres.

"Oh, M. Kilrain , vous devez avoir un bras et une poitrine parfaitement développés. Ils sont nécessaires dans votre profession, n'est-ce pas ? Et ne pouvons-nous pas avoir le privilège de tester votre force ?"

Avant que je réalise pleinement ce qu'ils avaient l'intention de faire, ils s'étaient rassemblés autour de moi et avec de nombreux « oh » et « oh, mon », ils ont commencé à palper mes biceps et à me pousser dans la poitrine.

Bien sûr, ce n'était qu'un événement étrange et cela n'arrivait pas tous les soirs, mais cela ne m'aidait pas à respecter mes « meilleurs ».

C'était aussi très gênant quand, en même temps, je devais « doubler » et même « tripler ». A titre d'illustration, laissez-moi vous dire qu'en une soirée et en même temps, j'ai représenté Jack McAuliffe à la tête du bar, Mike Boden à la fin et Johnny Reagan en back-room, tout va bien. -des pugilistes et champions connus dans leur classe. Mon public était particulièrement ennuyeux ce soir-là, me tenant au courant des dates et des détails et me gardant au bord de l'appréhension de peur que je ne mélange mes identités.

Aussi, à une certaine occasion propice, alors qu'il incarnait avec une admirable exactitude un certain pugiliste de renom, ledit pugiliste est apparu par hasard sur la scène en personne et ce n'est que sa véritable amitié pour moi qui a empêché que l'imitation ne se termine par un pétillement, sinon pire. .

Maintenant, alors que tout cela est derrière moi et appartient à un monde et à une personnalité différents, je ne peux manquer d'en voir le mal, mais, au moment où cela se produit, je ne peux nier avoir souvent ri de bon cœur de la bêtise de ces curiosités béantes. -les chercheurs.

Plus tard, lorsqu'en raison d'un désaccord avec Steve Brodie, j'ai transféré mon quartier général au palais du roi – Barney Flynn, le roi du Bowery – à l'angle de Pell Street et du Bowery, nous avons institué un autre stratagème frauduleux destiné à intéresser et divertir nos nombreux amis et nous fournir des boissons et de la petite monnaie.

Le palais du roi du Bowery n'est pas un édifice très imposant. Au rez-de-chaussée un salon, au-dessus d'un logis, il sert à la fois à rafraîchir et à reposer les sujets de sa majesté. Pour deux raisons importantes, le saloon a toujours été la Mecque des curieux. C'est pour ainsi dire la porte d'entrée de Chinatown et aussi l'adresse officielle de Chuck Connors.

Outre les foules passagères de visiteurs nocturnes de Chinatown, le saloon est souvent honoré par les appels de personnalités littéraires. Pendant quelque temps, il semblait normal que les écrivains d'un certain genre viennent y étudier les types.

Jackey Doodles. Barney Flynn. Géant. "Chuck" Connors. Un groupe typique devant la porte latérale de Barney Flynn.

Permettez-moi de dire ici que, sans vouloir discréditer aucun écrivain d'histoires en dialecte, je n'ai pas encore trouvé l'histoire qui présente l'idiome du Bowery tel qu'il est parlé. J'ai pris la peine de comparer différentes histoires – chacune étant garantie comme étant une étude vraie et réaliste du monde souterrain – écrites par différents écrivains et les divergences dans le dialecte sont flagrantes.

L'un, tout au long de son récit, met « youse » dans la bouche de son personnage le plus important. L'autre utilise uniquement « vous ». On épelle la question : « Et vous ? » ; les autres le disent : " Vraiment ?"

Peut-être que cela s'applique également à d'autres histoires écrites en dialecte de la Nouvelle-Angleterre ou du Sud, mais que ce soit le cas ou non, il semble que ce soit un cas de « vous payez votre argent et vous faites votre choix ».

Je n'ai pas encore vu l'histoire de la « vie basse » qui n'est pas parsemée de « cul » et de « covey ». Suivez mon conseil et n'utilisez pas ce formulaire d'adresse sur le Bowery. Ils ne le comprendraient pas et se sentiraient donc insultés.

De plus, les hommes de l'East Side ne manquent pas de galanterie au point d'appeler leurs amours « bundles » et d'autres noms similaires.

Ensuite, en matière de langage emphatique, les écrivains sont loin d'atteindre le but. L'expression préférée est « Wot'ell », qui est à cent lieues de l'énoncé distinct avec lequel ce morceau de conversation délicat est utilisé par un garçon de Bowery dans un moment de fuite rhétorique.

Je pourrais donc citer des centaines de cas.

La même négligence du détail se manifeste dans d'autres choses, lorsque l'on écrit sur nous. Il ne s'agit pas toutes d'erreurs importantes ou d'erreurs graves, mais elles sont suffisamment graves pour prouver le manque de fiabilité de ces « véritables études de l'East Side ».

Un écrivain qui, depuis longtemps, est reconnu comme une autorité en matière de conditions dans le monde souterrain, est le plus prodigieux à appeler les êtres et les choses de la sphère qu'il décrit par leur mauvais nom. Il persiste à affirmer que les voleurs sont qualifiés d'« armes » par la police et les autres. Tout homme qui a vécu toute sa vie à Bowery, comme moi, sait que « pistolet » désigne un personnage important. Un millionnaire est une « arme », tout comme un éminent avocat, un homme politique ou un escroc célèbre ; en bref, quiconque est le plus important dans sa profession ou dans sa vocation, qu'il soit homme d'État ou voleur, est un « pistolet ».

Le Bowery n'est pas difficile à atteindre et, si vous le souhaitez, vous pouvez facilement tester mon affirmation. Prenez une page de l'une des nombreuses histoires de l'East Side existantes et lisez-la à un garçon typique de Bowery et il vous demandera de l'interpréter pour lui.

Le dialecte de l'East Side ne regorge pas d'argot. Tout ce qu'il contient a été absorbé par le filet et d'autres sources. Pour inventer une phrase d'argot amusante, il faut avoir le temps de l'inventer et de l'essayer. Ils n'ont pas le temps pour cela dans l'East Side, où même le temps consacré à l'école ne peut pas toujours être épargné. Et cela explique les expressions agrammaticales et les phrases fantaisistes tordues, mais pas le charabia idiot et la frappe forcée de mots glissés dans la langue de mon peuple.

Les courtisans du roi de Bowery, étant des gens de bonne humeur, ne souhaitaient pas freiner la ferveur des « messieurs » littéraires et faisaient de leur mieux pour répondre à la demande toujours croissante de types.

Le sanctuaire intérieur du palais royal était séparé de la pièce extérieure par la cloison habituelle en verre et en bois. Comme Barney Flynn, le roi de Bowery, était un monarque génial et jovial, la chambre la plus isolée ne ressemblait pas tant à une salle du trône qu'à un rendez-vous d'âmes sœurs. C'était un spécimen d'une autre strate de la Bohême du monde inférieur.

Des tables et des chaises étaient disposées dans un désordre pittoresque. Sur les murs se trouvaient trois gigantesques peintures à l'huile, « réalisées » par un artiste errant de Bowery pour sa nourriture et son logement, y compris de fréquentes libations. Dans un coin se trouvait l'orchestre bénévole, composé de Kelly, le « râteau », le violoniste, et Mickey Doolan , le joueur de flûte. Leur journée de travail terminée - ils étaient tous deux des « routards » le long du fleuve - les deux musiciens de la cour prenaient leurs places habituelles et, sans prêter beaucoup d'attention aux personnes présentes, jouaient du violon et de la flûte pour retourner sur leurs propres rives vertes d'antan. Érin.

Ce sont des personnages pathétiques, ces hommes du Bowery, qui vivent leur vie uniformément instable dans les rêves des jours passés, mais pas oubliés.

Situé directement sur le chemin vers et depuis Chinatown, le saloon de Barney Flynn était, à des moments étranges, visité par les pèlerins sociologiques de ce centre de colonisation céleste. Une nuit, un écrivain est tombé par hasard sur les lieux. On ne sait pas si ses impressions ont été perçues dans un état normal ou anormal. Le "gang" était engagé dans une petite célébration qui lui était propre, a été observé par l'écrivain et, immédiatement, Barney Flynn et le personnel royal sont devenus une mine d'auteurs d'histoires médiocres.

Grâce à la perspicacité acquise au cours de ma formation de plongée, j'ai vite compris que ceux qui venaient nous étudier étaient plus disposés à payer pour des types grotesquement frappants. La « vraie chose » ne les intéressait que très peu. Que devions-nous faire ? C'est pourquoi, pour obtenir de l'argent, nous devions être des types, chaque fois que l'on apprenait qu'un chercheur de réalisme - doté de fonds - était arrivé, nous mettions nos masques, linguales ou autres, pour aider à la glorieuse cause de la littérature.

Il ne serait pas bon de mentionner les noms des auteurs qui nous ont si bien décrits. Ce sont désormais des célébrités aux objectifs plus rémunérateurs. On se souvient encore de leurs histoires à notre sujet, mais seulement en raison de leur « sentiment beau et pur », et non en raison de leur « véritable réalisme ». Cette dernière diffère selon chaque écrivain et a déconcerté le lecteur occasionnel.

Je suis fortement tenté d'en citer un par son nom, dont la gloire de manifestant s'est estompée d'une manière inattendue. L'écrivain en question était venu ici de Philadelphie, précédé d'une réputation de sympathie pour les habitants des bidonvilles. Plusieurs de ses nouvelles « bas de gamme » avaient été saluées comme modèles pour tous les autres écrivains de cette tribu.

Avec son agressivité habituelle, non dénuée d'un élan et d'une chevalerie presque médiévales, ce jeune homme s'est lancé avec une ardeur habituelle dans l'étude des bidonvilles de New York et, naturellement, a maîtrisé le sujet presque immédiatement. Étant socialement bien connecté, ou plutôt bien intégré par la société, il n'a eu aucun mal à intéresser ses amis à son passe-temps. Il n'était pas avare dans la dépense de son argent et était très populaire à ce titre auprès de mes amis de Barney Flynn. En fait, ce jeune écrivain prometteur – promesse désormais tenue – était l'un des favoris du plus haut comme du plus bas ; en vérité, une position enviable.

Un carnet à la main, ce jeune homme restait assis parmi nous pendant des heures, notant des phrases et des expressions d'argot, fabriquées avec le plus grand soin et le plus grand soin pour l'occasion. L'intérêt de ses amis augmenta et un soir nous fûmes honorés de recevoir la visite d'un grand groupe de dames et de messieurs, piloté par l' auteur susmentionné.

Avant que la précieuse cargaison ait été déchargée des cabines et des cabines, la nouvelle avait été transmise à l'arrière-boutique. De même que les acteurs répondaient à l'appel du metteur en scène, nous nous préparions à jouer nos rôles avec notre finesse et la justesse du détail que l'on connaît. Je veux dire par là que nous savions ce qu'on attendait de nous et que nous mettions en valeur nos "caractéristiques" telles que nous les avions vues burlesquées sur scène.

Le jeune écrivain prometteur était dans sa gloire. Avec une joie irrépressible, il nous présenta un à un à ses admirateurs, observant les effets de nos salutations « pittoresques ». Le chœur d'approbation enthousiaste était unanime. Nous étions « absolument charmants », « parfaitement excitants » et « trop drôles pour quoi que ce soit ». Encouragés par cet accueil chaleureux réservé à nos faibles efforts, nous nous sommes surpassés et des agressions, des coups et des meurtres ont été commis contre la langue anglaise avec la plus grande frénésie . Dans l'ensemble, c'était un joyau de la mosaïque des bidonvilles, dont se souviennent encore la plupart des délinquants.

Après avoir donné notre prestation et épuisé notre programme , nos amis nous ont raconté à quel point ils avaient été "très heureux, charmés et ravis" de nous rencontrer.

A peine les portes s'étaient-elles fermées derrière les derniers amis du jeune auteur prometteur, que tous les artistes se précipitèrent au bar pour dépenser l'argent qui leur avait été remis pour leur divertissement instructif. Les commentaires sur les visiteurs étaient nombreux et très pertinents, mais n'étaient pas prononcés dans le dialecte fabriqué. Il y eut beaucoup de rires et de nombreuses imitations de notre auditoire tardif, et aucun de nous n'avait remarqué que le jeune auteur prometteur, accompagné de quelques convives, était revenu chercher une paire de gants oubliée par l'une des dames. Une partie de notre conversation a été entendue et les rires ont été aux dépens de l'écrivain.

Bien sûr, nous nous sommes immédiatement efforcés de rectifier notre erreur et avons recommencé à nous appeler « abattage » et « covey », mais, d'une manière ou d'une autre, l'effet n'a pas été convaincant.

Un de ses amis s'est tourné vers le jeune auteur prometteur en partant :

"Vieil homme, tu mérites certainement une autre médaille pour ça, mais cette fois, ce devrait être une médaille en cuir."

Je ne savais pas alors à quoi faisait référence la remarque ci-dessus.

CHAPITRE X.

POLITIQUE DE BOWERY.

Le glas du divedom avait été sonné par le législateur. Pourtant, cela avait déjà été sonné, sans empêcher les plongées de se ressusciter. Mais le vice était devenu si répandu, si nauséabond, que les justes de la ville se raidirent un peu plus que d'habitude et insistèrent pour qu'une commission d'enquête soit nommée.

titres l'arrivée des inquisiteurs , et les habitants de Divedom se mirent à trembler dans leurs chaussures comme des anges déchus à la veille du jour du jugement.

Peu avant le début du bouleversement, j'avais surmonté une de mes nombreuses périodes de lassitude et d'oisiveté de gentleman et j'avais accepté le poste de videur au « Slide », le plongeon le plus notoire qui ait jamais déshonoré une communauté.

Lorsqu'un corps est couvert d'une excroissance cancéreuse, l'ulcère le plus dangereux est le premier à retenir l'attention du chirurgien. Pour cette raison, le « Slide » a été le premier à être soumis à une enquête indiscrète. L'enquête a été approfondie. Les enquêteurs et les procureurs, stimulés par la peur de la censure publique et par des idées d'avancement politique, se sont montrés impitoyables et, en conséquence, le "Slide" a été fermé pour toujours et le propriétaire nominal envoyé en prison.

Sans attendre la suite des événements, les autres plongeurs se retirèrent du travail et un processus général de nettoyage frappa tous les quartiers de la ville.

L'effet immédiat de cette situation fut qu'un changement de quartier des vicieux commença. Les prostituées, privées de leurs lieux d'affaires connus, se cachaient dans l'obscurité d'un environnement vertueux, et l'élément masculin des plongées les plus basses se rassemblait sur le Bowery, toujours le dépotoir de la racaille et des abats humains. En peu de temps, le Bowery fut rempli d'une foule marmonnante d'hommes valides, chacun trompant le monde d'une honnête journée de travail, tous criant haut et fort l'injustice qui les privait de leur « vie ». Même le souvenir est répugnant.

En compagnie d'un certain nombre de camarades qui, comme moi, ont été « jetés du travail » à cause de cette « ingérence injustifiée », nous avons établi notre quartier général dans une usine à grain appartenant à un législateur. Bien entendu, l'« arrière-boutique », apparemment une annexe législative, était très présente et en aucun cas discrète dans ses débats. Au contraire, l'activité derrière la « partition » avait augmenté en volume depuis que les autres établissements, gérés par des citoyens moins influents, avaient été obligés de fermer. Nous sommes donc là devant un autre des nombreux paradoxes de nos conditions politiques. Tandis que ses collègues législateurs parcouraient la ville avec un zèle vraiment louable pour arracher membre à membre le malfaiteur , cet être de leur famille pouvait être vu quotidiennement devant sa salle, se prélassant au soleil dans le rayonnement de sa prospérité et de son influence accrues. , et regardant avec un sourire satisfait de Chatham Square les fenêtres fermées des plongées mineures.

Oui, de même que les Romains revêtaient les hommes sages et amoureux de la patrie des robes amples de la dignité et les appelaient patriotes, hommes d'État et sénateurs, ainsi prenons-nous – prenons par la volonté du peuple – les hommes gros de bajoue et gros de panse sous nous et placez-les au-dessus de nous dans les sièges des puissants et donnez-leur le pouvoir sur nous. Et si vous grognez à mon dicton « du dessous de nous vers le dessus de nous » et si vous me confrontez avec colère avec le slogan de l'égalité politique et autre, je ne voudrais pas vous empêcher d'être leur égal, mais j'aurais un respect insignifiant. pour votre intégrité. De même que je dis les étoiles en les voyant et ne trouve qu'une petite différence dans leur éclat , ainsi je dis les coquins par leur coquinerie, et il y a peu de différence dans les degrés de coquinerie.

Sénateurs ! Rome et Albany ! La différence des temps, des siècles, serait-elle la seule entre eux !

Dans tous les gouvernements par et pour le peuple, la construction de la nation appartient au peuple ordinaire ; cette grande masse, que l'on appellerait « canaille », n'eût été la sonorité continentale du mot et le danger d'être cité. Une presse toujours vigilante vous surveille et vous mettrait volontiers au pilori comme un délinquant contre nos biens et nos privilèges les plus sacrés ; notre liberté sacrée ; notre égalité sacrée; notre franchise sacrée et, en aucun cas, notre aigle sacré hurlant, hurlant souvent de la plus grande agonie. La foule de la presse et des bavards bruyants ont décrété que voir la vérité et la dire était une trahison, et vous devez, pour être au-dessus de tout soupçon d'être un traître à la terre que vous aimez, le 4 juillet, laissez-vous aller. des flots de pièces pyrotechniques sifflent votre patriotisme, qui, après sa seule journée de gala, est oublié pour le reste de l'année dans la quête acharnée de tirer le meilleur parti de « ce qu'il y a dedans ».

Le peuple des champs et des prairies laboure, sème et récolte. Ils arrachent les mauvaises herbes parmi les pousses utiles et les foulent aux pieds. Les gens ordinaires de nos villes vivent au « centre-ville », cette région vague et indéfinie, dans des immeubles et des casernes. (Remarquez comment « down » et « common » fonctionnent toujours ensemble).

Ils n'ont aucune connaissance en agriculture et, comme ils voient rarement des plantes ou des fleurs, même la plante puante, car elle est feuillue et verte, trouve parmi eux un accueil et une place grâce à leur ignorance. Oui, de plus, on le soigne et on le nourrit jusqu'à ce que, comme toutes les mauvaises herbes, il grandisse dans des proportions énormes, éclipsant et éclipsant ceux qui ont épargné sa vie au lieu de l'arracher par les racines et d'appuyer sur lui du talon.

Qui plante les mauvaises herbes ? Qui est leur semeur ? Ils s'en moquent.

Le même soleil béni et la même rosée du ciel ne tombent-ils pas sur eux comme sur le maïs et les roses ? Et n'en reçoivent-ils pas plus que la fleur et la plante fruitière ? Car ils sont avides et aspirent à ce qui ne leur appartient pas selon leur mérite.

Pas la plupart, mais tous les hommes qui ont joué leur rôle dans notre histoire au point d'être immortalisés à jamais étaient des artisans de leurs champs et de leur ferme. N'oubliez pas que là-bas, ils détruisent les mauvaises herbes !

Pas la plupart, mais tous les hommes qui ont pris un risque pour leur réputation et leur réputation en s'engageant activement dans les affaires de leur propre pays et de leur État. Galerie des voleurs. Nous, les citadins, ne détruisons pas les mauvaises herbes !

Ceux du caniveau, qui ont été imposés à la multitude et au-dessus de celle-ci, s'ils ne sont pas attrapés ou s'ils ne sont pas trop notoirement en vue, gardent secrètes les données de leur succès et de leur période de formulation . Si, cependant, ils se heurtent au calcium, qui frappe souvent, de manière inattendue, des endroits sombres, ils deviennent arrogants et défiants face à leur puissance mal acquise. Même malgré le mépris des honnêtes gens et la crainte de leurs semblables, ils se balancent sur le piédestal de l'homme autodidacte et prennent la pose. Tout cela est destiné à faire un parallèle avec plusieurs hommes de notre petite histoire qui, comme le faisait remarquer un « patriote », méritent beaucoup de crédit « même s'ils étaient agriculteurs ».

Alors, lorsqu'ils sont forcés de sortir de leur obscurité troublée et forcés de sortir de leur obscurité troublée, leur cri de repentance est-il leur cri ? Est-ce qu'ils sanglotent et crient : " Peccavi ! Oui, j'ai péché ! J'ai fait du tort à toi et à mon pays ! Aie pitié et pardonne ! "

Si c'était le cas, ce serait le cri d'une âme torturée, pourrie et déformée, mais toujours une âme et digne d'une chance d'expiation. Non; ce qui nous parvient du piédestal usurpé est le grognement satisfait du porc : « Regardez et voyez ! Vous savez ou pouvez deviner ce que j'ai été ! Regardez maintenant et demandez-vous ce que je suis et comment j'y suis arrivé !

Cet affront suscite-t-il sûrement du ressentiment et le valet audacieux est-il retiré de son haut perchoir pour être puni de ses insultes et de ses mauvaises actions ? Certains sont suffisamment stupides et anti-américains pour suggérer une telle démarche. Mais ce qui se passe réellement, c'est que la foule admirative reprend ce refrain d'auto-adulation. Là, dans une attitude presque d'adoration, nous constatons que le jeu chicaneur de la politique fait que les hommes de toutes sortes et de toutes conditions, les pickpockets et les citoyens contribuables, les coupe-gorge et cet animal très particulier, l'ouvrier intelligent, s'agenouillent tous sur un pied d'égalité. l'humilité devant l'idole imbibée de rhum de leur propre création.

Un sujet de profondes conjectures est celui de savoir où l'ouvrier conserve son intelligence tant annoncée. Prétendre être une chose et ensuite prouver le contraire, ce qui, dans ce cas, signifie être un imbécile, est une démarche plutôt absurde. Vraisemblablement, une bonne partie de ces renseignements est consacrée à la défense de leurs droits, que personne ne conteste. Hurler et haranguer n'exigent pas beaucoup d'intelligence, et l'ouvrier « intelligent » en fait plus qu'assez et en vain. Lorsque le moment de son utilité approche – même si ce devrait être le moment pour lui de s'affirmer – il cesse de hurler et écoute la persuasion fortement parfumée du politicien rusé – l'herbe qu'il a permis de pousser et de prospérer – et devient le gentil conduit le mouton, pour se réveiller après l'élection et se retrouver le frère jumeau de l'âne. Ils ne reconnaîtront pas que, en raison de sa sincérité, un démagogue sincère serait bien meilleur en tant que leader qu'un politicien malhonnête de la race des caniveaux.

Aucun homme ne peut choisir son lieu de naissance. Les manoirs et les immeubles ont chacun fourni leur quota d'hommes honnêtes et malhonnêtes. Si celui des caniveaux parvient au-dessus et y parvient par des moyens qui sont ceux d'un homme et d'un Américain, il ne manquera pas du respect et de l'estime de ceux dont il s'est battu pour rejoindre les rangs. C'est ce qui prouve que nous sommes le pays des opportunités et que c'est là que réside la véritable égalité.

Il existe une autre façon de sortir du caniveau, et c'est la voie employée par les hommes d'État de la marque de l'hon. Michael Callahan, de la législature de l'État.

La place de Mike Callahan dans l'horticulture était incontestablement parmi les mauvaises herbes les plus nuisibles. « Lucky » Callahan, comme on l'appelait parfois, avait échappé au calcium gênant de l'opinion publique et, pour cette raison, on savait peu de choses sur son origine, sauf par ses intimes. Peut-être cireur de bottes, peut-être vendeur de journaux, il avait très tôt appris à se rendre soumis à ses supérieurs, aimable envers ses égaux et condescendant envers ses inférieurs. Bien entendu, ces lignes sociales ont été tracées par lui selon son point de vue.

La quête de reconnaissance politique de Mike a été agressive dès le début et, n'ayant aucun autre objectif ni ambition, il s'est jeté dans le jeu de l'intrigue et du tirage au sort avec toute son intensité énergique. Ne remettant jamais en question, obéissant toujours, il devint la masse plastique idéale à modeler par les chefs entreprenants de l'organisation. Sa promotion de ward heeler à capitaine, et de capitaine à leadership du district, était sa récompense logique.

Pourtant, malgré son utilité, son ascension au leadership ne s'est pas faite en un jour. Cela ne le dérangeait pas beaucoup, sa ténacité de bouledogue le gardant en vie jusqu'à son objectif ultime. Sa virilité et son individualité , quelles qu'elles aient pu être, avaient depuis longtemps été sacrifiées.

Pour renforcer son propre pouvoir dans le district, il était nécessaire d'affaiblir l'influence du chef en exercice et, pour y parvenir, ne connaissant rien à la diplomatie, Callahan recourut à la pure trahison. Le fait que le leader qui devait être destitué ait été son bienfaiteur et son ami fidèle n'avait que peu d'importance. Certes, Mike était désolé, mais que pouvait-il faire ? Passer au second plan et écraser ses chances ? "Pas grand-chose", dit-il, et il inventa la phrase utile et souvent citée : "L'amitié dans le poker et la politique ne va pas."

L'accession de Mike au leadership s'est faite grâce à des méthodes décisives. Il n'y avait aucun flou à son sujet. Les grands dirigeants de l'histoire des nations étaient dotés d'attributs et de traits de l'ordre le plus élevé et le plus noble. L'attribut le plus prononcé de Mike dans ses fonctions de leader était la franchise. C'est ce qui a permis à certains jeunes hommes brillants de la presse du parti de l'apostropher comme étant « robuste, bluffant, vaillant, franc et direct ».

Le district contenait une population dans laquelle l'ouvrier intelligent n'était pas très représenté. Les quelques-uns d'entre eux qui vivaient dans les nombreuses maisons d'hébergement ne croyaient plus vraiment à la dignité du travail et travaillaient juste assez pour se « régler » avec leurs propriétaires et leurs marchands d'alcool. Pourtant, ils étaient utiles. Ils pouvaient parler magnifiquement des droits du travail et étaient encouragés – avant le jour des élections – à parler avec grandiloquence de l'oppression tyrannique de l'ouvrier américain par la faction adverse.

La grande majorité des électeurs du district appartenaient à la classe des voleurs, et c'est pour cette raison, entre autres, que l'hon. Michael Callahan, de la législature de l'État, était leur chef né.

Callahan était à son meilleur peu avant les élections. Alors aucun homme ni aucune femme – malheureusement les dames du quartier s'en laisseraient trop aller – ne devait s'attarder sous les affres de la justice. C'était le devoir sacré du leader de se rendre quotidiennement au tribunal de police pour sauver ses électeurs et leurs « amies » de leur sort imminent.

A la veille des élections, il ne fallait pas perdre de temps à spéculer sur le montant que l'électeur libre et indépendant pouvait espérer recevoir pour l'exercice de son droit de vote sacré. Selon le montant envoyé depuis le siège de l'organisation, l'ultimatum de Mike réglerait le prix du marché des votes. Les taux payés étaient d'un, d'un dollar et demi, ou de deux dollars, bien que ce dernier taux n'ait été accordé que pour liquider la créance de l'électeur dans les périodes les plus critiques. De cette manière, l'électeur pouvait figurer avec certitude et reprendre avec très peu d'interruption sa thèse sur l'amélioration de la politique municipale et nationale.

Les événements les plus importants de notre histoire ont été conçus dans un environnement d'une simplicité austère. Pas de salle de marbre , pas de haute salle du conseil, juste le Common avec sa pelouse verte et son chêne robuste était le lieu de réunion préféré de nos ancêtres. A l'ombre de l'arbre puissant, ils parlaient de liberté, des droits de l'homme et du bien-être de notre pays, et nous récoltons aujourd'hui le bénéfice de leur intégrité, malgré les machinations des hommes politiques, dont les pensées mêmes sont un pollution du patriotisme.

Étudiant attentif et réfléchi de l'histoire américaine, l'honorable Mike s'est efforcé de respecter autant que possible la tradition. Les mœurs ont changé, la civilisation a progressé, le prix de l'immobilier a augmenté et le leader politique d'aujourd'hui s'est senti obligé de substituer le gin-mill et le dive au Common d'autrefois. En outre, "il n'y a pas grand-chose dans les Commons", sauf lorsque les pères de la ville, dans la bonté de leur cœur charitable, décident de créer un autre lieu de respiration et un autre terrain de jeu pour les enfants pauvres de l'East Side, et peuvent ainsi avoir une "chance" auprès des propriétaires du site.

Quand on est leader, on doit faire comme les leaders. Mike ne pouvait pas s'écarter de la pratique habituelle et, nolens volens , s'est retrouvé propriétaire d'une plongée. Mais, contraint à cela, il eut au moins la satisfaction d'ouvrir cette annexe à son bureau législatif sur le Common, ou Square, comme on l'appelle maintenant. Certes, il n'y avait pas de chênes robustes ni de pelouses vertes, mais il y avait des piliers ferroviaires élevés et leurs ombres étaient tout à fait suffisantes pour la pratique des questions secondaires en politique. Le chêne ne porte que des glands. Les piliers et leurs ombres portaient de meilleurs fruits d'éclat argenté et doré, et leur robustesse était souvent la bienvenue dans le dos des nombreux pèlerins fatigués qui avaient voyagé loin pour s'imprégner de la pure gorgée de patriotisme américain dispensée par l'hon. Michael Callahan de la législature de l'État.

Avec la modestie caractéristique des grands hommes, Mike s'est abstenu de rendre l'extérieur de sa maison trop voyant. Cet attrait superficiel pour sa station était absolument inutile, car sa renommée plus durable – certains détracteurs la qualifiaient de « notoriété honteuse » – était fermement établie. N'a-t-il pas eu à son actif plusieurs bagarres avec des policiers «officiels», et n'a-t-il pas ouvertement osé et défié toutes les autorités connues de «singer» avec lui. Il ne craignait qu'un seul homme, et celui-là seulement, parce qu'il était un voyou plus prospère que lui et que le Grand Chef et Chef.

Les plongées d'un certain type ne font aucun effort pour attirer le commerce passager par des extérieurs clairs ou, du moins, soignés et propres. Leurs affaires ne sont pas assurées par l'honnête homme, qui cherche un endroit honnête pour prendre un verre honnête. Ils dépendent de ces épaves et épaves qui peuvent plonger les yeux bandés. La maison de Callahan était plus suggestive qu'attrayante par sa façade et l'intérieur était assez éblouissant par sa simplicité austère. La sciure de bois et les traces d'expectorations antérieures étaient les éléments les plus évidents dans la salle du bar, qui ne s'étendait que sur toute la longueur du bar. Au fond, une cloison occupait jalousement le reste de l'espace pour l'arrière-boutique. C'est là, et non devant, que se déroulaient les véritables affaires . Le front, un semblant de respectabilité ; le dos, sans aucune prétention.

Je ne saurais vous dire ce qui faisait le véritable attrait de l'arrière-boutique. Un minimum d'espace au centre de la salle était réservé à la danse et entouré de tables et de chaises occupées la nuit par des jeunes hommes et femmes, dont beaucoup étaient nés et avaient grandi dans le voisinage immédiat, sous les yeux mêmes de le plongeur légiférateur. Mais cela ne faisait aucune différence pour cette chose ignoble, habilitée par notre sanction à faire des lois qui devaient protéger les maisons, les biens et la vie.

Mike Callahan's Saloon in Chatham Square.
The entrance to Chinatown on the right

Et là, en sécurité dans le rayon protecteur de notre ami et homme d'État, nous avons trouvé un lieu de repos ; pour notre retrait forcé de l'activité de plongée, et là, dans toute ma malpropreté, le doux messager d'une vie nouvelle et meilleure est venu à moi et m'en a retiré par la persuasion toute-puissante d'un amour inextinguible.

Avant de vous raconter comment ce miracle m'a transformé d'une manière qui mettra à rude épreuve mon pouvoir de description, je dois vous raconter la seule et unique tentative que nous avons faite, moi et deux copains, pour nous éloigner d'une vie qui était la un seul que nous connaissions.

CHAPITRE XI.

UN PÈLERINAGE À LA NATURE.

C'était en mai. Le trottoir devant le centre de plongée de Mike Callahan était large et nous, la bande d'employés de plongée licenciés, avions l'habitude de nous prélasser sur les fûts de bière vides le long du trottoir ou de nous coller aux portes battantes du lieu. Des gens que nous connaissions pour les avoir rencontrés dans les jours « meilleurs », lorsque nous travaillions encore, passaient souvent par là et étaient vivement salués par nous dans l'espoir qu'ils pourraient acheter à boire pour nos gorges assoiffées.

Les mocassins du coin sont méprisés par tous ceux qui mènent une vie utile, et à juste titre. Il y a pourtant quelque chose de très émouvant à penser à la morne existence de ces bonshommes. Le cerveau aussi vide que leurs poches, ils se rassemblent avec une louable régularité dans leurs clubs en plein air et perdent leurs journées en conjectures pessimistes. Le fainéant est un pessimiste et un cynique né. Quel que soit le sujet ou l'événement que vous lui mentionnez, il s'en moquera et procédera rapidement à le mettre en pièces. Ses critiques sont aussi sarcastiques que ses excuses sont ingénieuses. Demandez-lui son avis sur le travail effectué par un mécanicien qualifié, il trouvera une multitude de défauts et vous expliquera comment le travail aurait dû être fait. Surpris par ses connaissances techniques, vous demandez avec douceur pourquoi il ne met pas en pratique ses capacités évidentes, et vous êtes immédiatement choqué en suggérant une telle chose à un homme qui a une telle richesse de raisons hautaines et convaincantes pour rester un fainéant. .

Les mocassins rôdent en permanence dans l'antichambre du crime. Si Sa Majesté satanique se souvient des siens et les appelle, ils accompliront volontiers et sans scrupules toute commission malhonnête à condition que cela ne demande pas trop de courage physique. Après un certain temps, le crime semble facile, ils n'ont pas encore été arrêtés et, du fait de leur familiarité avec le mal, et non à cause d'un courage récemment éveillé, ils commettent des actes que tout journaliste consciencieux qualifie de « désespérés ».

Jack Dempsey, Frank Casey et moi formions une sorte de cercle restreint au sein du gang plus large. Nous philosophions souvent ensemble, échangeions des idées et commentions les choses en général. Lors d'une de nos conférences, Frank Casey semblait complètement de mauvaise humeur.

"Qu'est-ce que tu as, Frank ?" J'ai demandé.

"Qu'est-ce que tu crois qu'il y a ? Il n'y a rien qui cloche chez moi, sauf que j'en ai marre de ce jeu." Nous pouvions voir qu'il était profondément ému par une émotion insoupçonnée et qu'il était profondément intéressé par son développement.

"Je vous dis ce que j'aimerais faire", reprit-il. "J'aimerais arrêter tout ça et aller travailler quelque part. Il n'y a rien dans ce genre de vie et c'est la même chose tous les jours. Vous voyez, cela fait des années et des années que je n'ai pas fait ce qu'on peut appeler une journée de travail honnête. "

"Ah, tu plaisantes !"

"Blague?" » répéta-t-il avec indignation. "Dis, Kil , et toi aussi, Dempsey, je n'ai jamais été aussi sérieux de ma vie. Qu'est-ce qu'on en retire ? Il traîne ici toute la journée, à la recherche de greffe et de quelques sous pour aller au lit ou pour acheter un ragoût de bœuf ; et quand un gars gagne un peu d'argent, est-ce que ça lui sert à quelque chose ? Si vous le montrez, vous devez le dépenser pour de l'alcool, et si vous le faites ! Ils pensent que vous n'êtes pas bon, et toute la bande s'en prend à vous. Un gars qui travaille et gagne un dollar et demi ou deux dollars par jour est mieux loti que nous tous ensemble.

"Pour l'amour du ciel, tu ne penses pas à aller travailler ?"

"C'est exactement ce que je fais, et plus tôt je pourrai commencer, mieux ce sera", a attesté Casey avec emphase.

Une discussion chaleureuse s'ensuit. Il est difficile de dire si c'était la nouveauté de la proposition ou la sincérité évidente de Casey, mais Dempsey et moi avons commencé à y réfléchir très sérieusement.

"Dites Casey", ai-je demandé, "en supposant que nous voulions vraiment tous les trois aller travailler, où pourrions-nous l'obtenir ? Ils n'emmènent pas d'hommes comme nous dans les magasins ou les usines, où il y a tout un tas d'aides qualifiées qui cherchent. du travail tous les jours. Donc, même si nous voulions du travail, nous ne pourrions pas l'obtenir. »

"Est-ce vrai ? Vous parlez comme si la ville de New York était tout. Quel est le problème avec le pays ? C'est là que nous devons aller, parce que nous n'arriverons jamais à rien ici. En premier lieu, même si nous devions trouver du travail ici, nous serions tous les trois saouls le premier jour de paie et y resterions jusqu'à ce que nous soyons fauchés. Mais à la campagne, vous n'avez aucune chance de dépenser votre argent, et c'est le cas. en bonne santé et c'est mieux de toute façon.

La caution de Casey m'a amusé.

"Voulez-vous me dire où vous êtes déjà allé dans le pays pour en savoir autant et d'où vous tirez vos informations ?"

"Cela ne fait aucune différence", insista Casey obstinément. "Je sais qu'il y a beaucoup de gars qui vont à Philadelphie ou à Jersey ou ailleurs chaque année à cette époque, et ils reviennent comme neufs et avec de l'argent provenant de la cueillette. des fraises et tout ce qui pousse là-bas. »

Nous avons réfléchi ensemble, discuté de la question, sommes arrivés à la conclusion que nous ne serions sûrement pas dans des conditions pires à la campagne qu'à la ville et avons décidé de tenter notre chance à la cueillette des fraises.

Notre premier devoir était de rendre notre expédition au financier . Nous nous sommes affrontés et avons réuni environ six dollars comme capital commun. Casey a fait une mission secrète pour demander à une autorité « vagabonde » bien connue où aller et comment s'y rendre, puis s'est engagé à conduire personnellement la tournée dans ce pays inconnu.

Les bagages ne nous ont pas encombrés. J'avais pensé emmener avec nous mon bon vieux copain, mon Bill, mais je ne voulais pas l'exposer aux dangers qui, sans doute, nous guettaient.

Au ferry, Casey a hissé son drapeau et nous a lu les derniers ordres. Pour sauver notre petit capital, nous devions marcher ou « sauter » des trains de marchandises. Aussi, pour des raisons d'économie et de sagacité, nous ne devions pas nous adonner à une seule goutte de quelque chose d'enivrant.

Le premier accroc s'est produit à Hoboken. Obtenir un train de marchandises était impossible. Dempsey et moi n'avons jamais su pourquoi nous étions incapables d'établir des liens, car la plausibilité de Casey chassait la question de nos esprits et nous faisait le suivre aveuglément.

Nous avons marché d'Hoboken à Newark. C'était un après-midi torride, le sable était chaud et lourd sous les pieds et nos bouches devenaient desséchées à un rythme inconfortable. Nous sommes passés devant quelques puits et pompes, mais Casey ne nous a pas permis d'étancher notre soif, car « Newark n'est qu'à un pas ou deux plus loin, et il est dangereux de jouer avec les gens de la campagne. Ils ont des chiens et sont plutôt méfiant à l'égard de gars comme nous, qui venons de New York.

Ah, vraiment et sincèrement, cela aurait été la nature la plus confiante et la plus simple qui ne se serait pas méfiée de nous, peu importe d'où nous venions. Trois spécimens coriaces de l'humanité, en effet, nous l'étions !

Aucun arrêt n'a été fait jusqu'à ce que nous atteignions la gare de Newark. Une foule considérable était rassemblée pour attendre soit l'arrivée, soit le départ du train, mais nous, sans prêter la moindre attention aux nombreux regards méfiants lancés dans notre direction, nous précipitâmes vers le réservoir d'eau glacée, prêts à nous gaver de boisson rafraîchissante.

Casey fut le dernier à avoir son tour devant la tasse en fer-blanc enchaînée. Il commença magnifiquement, mais s'arrêta après sa première gorgée et fit claquer ses lèvres d'une manière très critique.

"Tu as goûté quelque chose de drôle dans cette eau ?"

Nous avons répondu par la négative.

"Il y a quand même quelque chose qui ne va pas", a persisté Casey. "Et tu sais, la pire chose qu'un homme puisse faire à cette époque de l'année est de boire de la mauvaise eau."

"Mais nous devons boire quelque chose. Nous n'allons pas boire de bière, et je déteste dépenser de l'argent pour des sodas, du soda au gingembre et des trucs comme ça", a fait remarquer Dempsey.

"C'est assez vrai", a admis Casey, "mais je vais vous dire ce que nous allons faire. Le même gars qui m'a donné des conseils sur la façon d'accéder aux fraises m'a également dit que le plus gros verre de bière du Le pays a été vendu ici même à Newark. Maintenant, nous n'allons pas être pleins ou quelque chose comme ça, mais, comme l'eau n'est pas potable, je suppose que nous pourrions en avoir une, juste une de ces plus grosses goélettes. , que je n'ai jamais vu et qui, en plus d'étancher notre soif, valent sûrement le détour, au même titre que n'importe quelle curiosité."

Sans l'aide d'un Baedeker, nous avons trouvé notre chemin vers l'endroit le plus intéressant de Newark. Nous sommes entrés dans la taverne hospitalière vers sept heures et, à dix heures, nous y restions encore à admirer la taille et la beauté des plus grandes bières du monde.

Quelle que soit la taille de la boisson, la bière à elle seule, jamais un produit à base de malt et de houblon, une infâme concoction de produits chimiques nocifs, suffit à placer l'amateur bien au-dessus des problèmes les plus inquiétants. Tard dans la nuit, les rues tranquilles de Newark furent profanées par trois mousquetaires instables qui, avec des chants et des rires, se dirigeaient vers les « prés ».

Encore une résolution prise et brisée. Ce n'était ni la première ni la dernière.

Dans les « prés », la gare de triage, où les trains de marchandises étaient constitués, nous avons réussi, après de nombreux incidents, y compris la chute de Casey d'un train en marche dans un fossé, à attraper un train vers minuit. Nous n'avions parcouru qu'un mile environ, lorsqu'un agent de train, passant de wagon en wagon avec une lanterne allumée, nous vit blottis entre les pare-chocs.

"Où allez-vous, les gars ?"

"Philadelphie", fut la réponse d'un ton endormi et somnolent.

"Vous vous trompez de train. Ce train va à la 'branche'."

À l'époque, nous ne savions pas qu'il s'agissait d'une ruse courante pour faire descendre les « vagabonds » du train et nous l'acceptions au pied de la lettre.

"Où a-t-il dit que nous allions ?" » demanda Casey.

"À la" succursale ", où qu'elle se trouve", répondis-je.

"Je suppose que nous ferions mieux de descendre, alors. Ce train ne va pas à Philadelphie", suggéra Dempsey.

"Pourquoi allons-nous descendre ? Ce train va quelque part, n'est-ce pas ? Et peu importe où il va, tant qu'il va quelque part dans le pays et loin de New York", a déclaré Casey. , avec l'intention évidente de mettre fin à toute discussion ultérieure.

L'air lourd et humide de la nuit et la boisson que nous prenions nous ont endormis profondément, oubliant notre attitude précaire. Nous avions voyagé pendant des heures sans nous réveiller et n'avons été réveillés que lorsque le froid dans nos membres est devenu réellement douloureux. Sans dire un mot et en nous regardant simplement, nous nous sommes précipités encore et encore vers l'inconnu et le matin qui se levait.

Soudain, un spectacle brillant attira notre attention. En sortant d'un terrain boisé, le train filait sur un tronçon plat et nous nourrissions nos regards sur la Fata Morgana d'une grande ville. La taille, l'éclat de l'éclairage et la distance de New York ne laissaient aucun doute dans notre esprit sur le fait que nous n'étions pas loin de Philadelphie et que si nous avions su prier, nous l'aurions sûrement fait. Je n'ai jamais regretté l'expérience, et je n'ai toujours aucune envie folle de la répéter. Il y a des joies plus faciles à obtenir dans la vie que de monter sur les pare-chocs d'un train de marchandises par un froid matin de mai.

Il ne fallut pas longtemps avant que nous nous faufilions dans Market Street à Philadelphie. Après nous être fortifiés contre les mauvaises conséquences de notre voyage engourdissant en dégustant du whisky "speak-easy", nous avons visité le célèbre restaurant ouvert toute la nuit "Dirty Mag's" sur la 6ème rue et nous sommes régalés de steak-pie et de café, avec crullers inclus. La facture s'élevait à dix centimes.

Nous étions tellement fatigués par notre voyage qu'il était hors de question de continuer notre voyage. Dans la rue Calomel , nous avons trouvé un lieu de repos pour nos os fatigués et gelés à quinze cents le canapé. Il était presque midi lorsque nous nous sommes réveillés de notre sommeil et avons tenu une conférence. À la fin, nous nous sommes rendus à l'épicerie voisine et avons dépensé presque tout le reste de notre trésorerie épuisée à acheter des provisions pour notre voyage dans les régions sauvages de Pennsylvanie.

Après cela, avec un dernier verre d'adieu, nous avons tourné le dos à Philadelphie et sommes partis hardiment pour gagner notre fortune.

Au moment où nous atteignions la banlieue, notre estomac nous rappela que nous avions oublié de prendre le petit-déjeuner. Un arbre invitant se dressait à proximité, un ruisseau aussi clair que du cristal ondulait sous nos pieds et l'endroit semblait être fait pour un terrain de pique-nique. Le plaisir du repas était gâché par l'idée que nous n'aurions désormais ni déjeuner ni dîner.

"A quoi ça sert de s'inquiéter à ce sujet maintenant ? En plus, nous n'aurons pas à transporter autant de choses", était la manière de Casey de nous consoler.

Nous nous levâmes et commençâmes notre marche sérieusement. Pendant des heures, nous avons marché, accordant peu d'attention à ce qui nous concernait et n'ayant que des conversations décousues. Aucun d'entre nous ne connaissait la route menant au « pays des fraises » et nous étions souvent obligés de demander notre chemin aux personnes que nous rencontrions. Nous avons eu peu de chance dans ce domaine. La plupart des personnes auxquelles nous nous adressions boutonnaient rapidement leurs manteaux et se dépêchaient sans nous prêter attention. D'autres s'arrêtaient à peine pour nous lancer une si petite information qu'au lieu de nous éclairer, ils ne faisaient que nous déconcerter davantage. Finalement, Casey s'est lassé de cette façon d' obtenir des informations et a déferlé sur nous avec sa dernière et la plus brillante inspiration.

"Ça ne sert à rien de poser la question à ces hommes. La plupart d'entre eux sont des graines de foin et sont allés à New York et ont été mis à l'écart . Ils peuvent voir en une minute que nous venons de New York et ne prendront aucun risque." avec nous, c'est différent avec les femmes. Elles sont toujours gentilles et douces et, surtout, quand on leur parle comme je sais comment leur parler, ne me demandez plus ça. rencontrer des femmes, puis je leur demanderai, et alors vous serez surpris de la différence.

Casey, qui avait prononcé ce discours avec la poitrine bien gonflée, s'est révélé être un véritable prophète. Nous avons constaté qu'il y avait une différence dans la manière dont les hommes et les femmes recevaient notre approche.

Peu de temps après, nous avons vu deux femmes avec des paniers venir vers nous.

"Maintenant, vous voulez rester un peu en retrait, et regardez-moi comment je fais ça", fut la dernière instruction de Casey.

En brossant rapidement ses vêtements avec ses mains et en plaçant son chapeau sur son oreille avec désinvolture, Casey se dirigea vers son destin avec une grâce qui lui était propre.

Dempsey et moi n'avons pas pu entendre le premier passage des mots, mais ce n'était guère nécessaire, car les effets en étaient immédiatement visibles.

Une femme a frappé Casey avec son parapluie, tandis que l'autre essayait de lui mettre son panier sur la tête. Lorsqu'ils ont vu Dempsey et moi arriver en courant à notre secours, ils ont quitté Casey et se sont lancés dans une course à travers les champs, mais ils ont pris soin de nous crier qu'ils enverraient le shérif ou l'agent de police à nos trousses.

"Pour l'amour du ciel, qu'avez-vous dit à ces femmes ?" Ai-je demandé à Casey après avoir retiré le panier de sa tête.

"Qu'est-ce que je leur ai dit ? Ils ne sont pas civilisés, et peu importe ce qu'un type leur dit, ce genre de gens. Je leur ai parlé comme un mec ordinaire. Voici ce que j'ai dit : ' Ain il fait beau, les filles. Nous sommes des étrangers ici et nous n'aimions pas beaucoup ce pays jusqu'à ce que nous ayons la chance de vous voir, qui êtes plus douces que n'importe quel sucre, et maintenant nous aimerions rester ici si vous nous indiquerez le chemin qui mène là où poussent les fraises et où il y a autant de filles aussi belles que vous ! Et à la minute où j'ai dit qu'ils m'ont trempé."

Nous avons consolé Casey et avons repris notre vagabondage.

Il était maintenant tard dans l'après-midi et j'ai décidé que nous devrions savoir où nous nous trouvions. J'ai arrêté l'homme suivant que nous avons rencontré de telle manière qu'il ne pouvait pas nous échapper.

Après lui avoir assuré que nous n'avions aucune intention de le voler, j'ai insisté pour obtenir des informations correctes.

Pouvez-vous imaginer notre ressenti lorsqu'il nous a dit que nous avions consacré notre temps et notre énergie à décrire les cercles autour de Philadelphie, sans pour autant nous en éloigner ?

Dempsey et Casey n'ont pas tenté de cacher leur chagrin. Le coup était trop écrasant. Moi aussi, je me sentais terriblement découragé, mais je ne voulais pas céder.

"Cela ne sert à rien de revenir en arrière. Nous sommes ici maintenant et nous devons continuer. Si nous retournons à Philadelphie, autant retourner à New York. Nous sommes à la campagne maintenant, et autant restez ici. Je me fiche de ce que vous faites, les gars, je vais y aller.

La dernière phrase était un bluff effrayant. Si Dempsey et Casey avaient décidé de retourner à New York, je les aurais rejoints sur-le-champ.

Heureusement, ils ont adopté ma façon de voir les choses et nous avons repris notre triste pèlerinage.

Désormais, nous étions sûrs de pénétrer jusqu'au cœur du pays et les preuves ne manquaient pas. Les villas de banlieue se faisaient de moins en moins nombreuses et nous devions parcourir une distance considérable avant de passer devant une autre ferme. Avec notre entêtement inné, nous avons continué à avancer péniblement, jusqu'à ce que nos jambes refusent presque d'obéir.

C'était l'heure où le soir cède involontairement la suprématie à la nuit. Nous l'avons ressenti, comme l'a prouvé Casey en réponse à la question de Dempsey concernant l'heure.

"Eh bien, quand ça ressemble à ça, ils commencent toujours à s'éclairer chez Callahan, et il est environ sept heures."

Encore une fois, nous étions silencieux et piétinés et piétinés. Dempsey fut le suivant à prendre la parole.

"Dites, les gars, je n'ai pas encore vu de fraises. Et même si nous en voyions maintenant, nous ne pourrions pas aller travailler dessus ce soir, il est si tard maintenant, et je pense que la meilleure chose à faire c'est de s'asseoir quelque part et de se reposer.

Encore quelques pas et nous avons vu un endroit que vous auriez appelé un vallon. Nous ne l'avons appelé rien, nous avons juste vu l'herbe molle et, d'un commun accord, nous nous sommes enfoncés dessus.

Le ton de la soirée était désormais indubitablement clair. Le Soir et son partenaire, le gloaming, étaient au dernier et meilleur moment de leur suprématie. Les soirées à la campagne, ces brèves heures passées dans l'état neutre de la nature, avant de se retirer dans son repos bien mérité, sont de loin trop courtes. Mais cela, je ne le ressens que maintenant, et je ne le ressentais pas alors.

Souviens-toi! c'était ma première nuit au pays de Dieu. Comme des milliers d'autres personnes qui vivent et meurent dans le sud-est de Manhattan, le long du Bowery, je n'avais jamais vu la nature. Je n'aurais pas pu distinguer une marguerite d'une rose ; ou un corbeau d'un merle. Tout ce que j'écris ici, ce sont les impressions qui me viennent à l'esprit de cette première nuit avec la nature.

C'était un grand moment de notre vie, mais nous ne l'avons pas ressenti. Attends, je me trompe ! Nous l'avons ressenti, peut-être inconsciemment, mais nous l'avons ressenti. Notre espèce n'est pas encline à beaucoup parler tout en faisant quelque chose d'important. Alors nos énergies sont dans notre tâche, aussi sale soit-elle. Dès qu'on se repose, on se change, et la corvée silencieuse devient une véritable pie. Nous nous reposions tous les trois alors que, comme trois pâquerettes dans le désert, nous étions assis dans notre vallon, mais il y avait quelque chose autour de nous qui empêchait notre flux de conversation de se détendre.

Nous nous sommes assis et avons regardé, et les changements les plus insignifiants dans la scène tranquille devant nous nous ont laissé leurs impressions méconnues, mais profondes. Et en repensant à toutes les années écoulées depuis lors, je vois tout cela encore devant moi, même si je ne peux pas tenter de vous l'imaginer.

De là où nous étions assis, cela ressemblait à un décor pour une pièce de théâtre glorieuse. Des deux côtés, de petits croquis de forêt s'intercalaient juste assez loin pour servir d'ailes à la scène. Derrière, il y avait une dernière goutte grandiose et majestueuse, une chaîne de collines, s'étendant sans interruption d'où nous pouvions voir. Les acteurs, les acteurs de la pièce étaient alimentés par tous les êtres vivants qui nous entouraient et, par-dessus tout, comme le dernier rideau, pendaient les précurseurs de la nuit à venir.

Ce n'était pas un mélodrame tumultueux, ni une farce enjouée, c'était une pièce pastorale si réussie, si sagement composée et mise en scène que dès sa première soirée, elle a été jouée chaque soir à travers tous les âges. Il n'est pas étonnant qu'après tant de répétitions, la scène, telle que nous l'avons vue, ait été jouée à la perfection.

D'une meurtrière dans le ciel, un oiseau est venu vers nous avec un mouvement inébranlable. Nuit après nuit, il avait suivi le même parcours, nuit après nuit, il avait le même rôle , celui d'apporter leur part aux jeunes oisillons dans le nid au-dessus de nos têtes. Le long de la route arrivait un chariot de ferme grinçant et lourd. Le fermier nous a regardé avec méfiance, mais nous a quand même souhaité « bonsoir, les garçons ». Je ne sais pas si nous lui avons répondu ou non.

C'était calme, si calme que les nombreux petits bruits, émis par des êtres invisibles, retentissaient comme des tornades sonores. Les éclats de rire, venant de la ferme entourée d'arbres derrière nous, étaient comme les rires d'une multitude ; le gazouillis de cet oiseau qui rentrait chez lui était comme un chœur haut et aérien ; le coassement de la grenouille était comme un grognement venant de très nombreuses personnes qui ne dépassent jamais le sol. Pendant que nous étions assis devant nous, regardant des trous dans l'air, le soir s'était envolé, et la nuit, vaillante victorieuse, avait déployé l'étendard des étoiles. Je sais que je ne peux pas vous raconter mes impressions, mais même si j'avais le don et le génie d'une centaine de nos plus grands écrivains, je ne pourrais pas vous dire quelle image cette nuit, ma première nuit au pays de Dieu, m'a laissé. Il me semblait que tout et n'importe quoi, avant de s'endormir, avait fait une offrande de louange à En-Haut . Le maïs des champs et la pauvre petite fleur au bord de la route et même le petit brin d'herbe, tous furent redressés par un dernier tremblement ascendant avant de se détendre dans leur somnolence tombante. Les oiseaux du ciel et les bêtes terrestres chantaient tous leur chant du soir. Pour certains, c'était un frisson de la plus douce mélodie divine, pour d'autres, ce n'était qu'un grognement, mais tout cela ressemblait à une action de grâce pour avoir vécu et travaillé une journée faite par le Créateur de tous.

Et de dessous tout cela, l'attitude silencieuse de la prière et l'hymne du soir entonné des créatures s'élevaient, vers le haut, comme un hymne au ciel, où des orbes brillants et des voiles laiteux brillants étaient entrelacés dans une toile de gloire et lorgnaient sur le ciel. des heures passées dans le berceau d'accouchement d'un autre jour. C'est une heure sorcière, cette heure, où les étoiles et la nature chantent à l'unisson leur chanson du soir.

Là où la nature est la plus grandiose, l'homme aime le plus la profaner.

Ce sort sublime et doux nous a captivés. Pas un mot n'avait été prononcé de notre part. Combien de temps nous étions restés assis là, nous ne le savions pas. Combien de temps encore nous serions restés là est une question de conjectures peu rentables. Comme s'il était libéré des régions de l'archi-démon, avec des hurlements, des reniflements, des grondements, des cliquetis, un train, ressemblant au loin à une chaîne de petites voitures, claquait le long de la chaîne de collines, la dernière goutte de notre scène. Crachant du feu devant lui, laissant derrière lui des banderoles blanches, le fer irrespectueux du caractère sacré de la nature s'est précipité au cœur même des collines et a emporté avec lui la brume de l'idéalisme.

Le charme fut rompu et nous ne tardâmes pas à regagner la terre ferme.

"Dis," remarqua Casey très pensivement, " n'est- ce pas très calme ici ?"

"Eh bien, je devrais le dire", s'empressa Dempsey de le corroborer. "C'est si calme que tu ne pourrais pas dormir ici si tu le voulais. Ce n'est pas un endroit pour nous. Allons-y."

Nous sommes partis devant et avons dévalé la route de campagne. Toutes les directions quant à notre itinéraire étaient, pour le moment, oubliées. Nous n'avions désormais plus qu'un seul objectif : échapper à ce silence obsédant. À chaque pas, nos nerfs devenaient de plus en plus tendus. Un lapin a traversé la route et nous a obligés à nous prendre par les bras. Le léger bruissement des feuilles nous faisait frissonner le dos.

À l'air libre, nous avons senti l'air brumeux et vaporeux de la nuit nous envelopper, montrant chaque objet dans une moisissure fantomatique. Un chien a aboyé au loin, puis il a hurlé, et je peux le jurer, nous avons tremblé.

Ce n'était pas une peur physique. C'est l'étrangeté de l'inhabituel qui a fait des ravages dans nos capacités de raisonnement. Certains pourraient en douter et citer comme preuve les vagabonds, qui passent dans leur pays leur période de vagabondage la plus agréable et la plus lucrative. Je ne suis pas du tout prêt à en discuter, mais je suis sûr que tout vagabond, au début de sa carrière en tant que tel, a été impressionné de la même manière lors de sa première nuit à la campagne, pourvu qu'il n'ait pas trouvé refuge dans une grange, une botte de foin ou n'était pas né et n'avait jamais vécu dans le pays auparavant.

Nous, nous étions citadins jusqu'à l'os, et le bruit était essentiel pour nous comme l'ozone l'est pour le garçon de la campagne. Il ne peut pas dormir avec du bruit, nous ne pourrions pas dormir sans bruit.

Nos réflexions – nous n'avions pas parlé depuis longtemps – furent interrompues par Dempsey, qui était tombé sur un rail, ce qu'il n'avait pas remarqué dans l'obscurité obscure. Oui, c'était une voie ferrée à part entière et, pour une raison obscure, elle semblait exercer pour nous une grande fascination. Apparemment, nous n'avons pas pu y échapper. Nous nous sommes levés et l'avons regardé comme si nous n'avions jamais vu de voie ferrée auparavant.

Cela a duré jusqu'à ce que Casey, toujours prêt, interprète nos sentiments.

"Je me demande si c'est le chemin de fer de Pennsylvanie ? "

Cela a déclenché un chœur de « merveilles ».

"Je me demande quelle extrémité aboutit à New York ;" "Je me demande à quelle distance nous sommes de New York ;" "Je me demande si nous pourrions arriver à New York à partir d'ici ;" "Je me demande combien de temps il faut pour arriver à New York à partir d'ici ;" "Je me demande s'il y a une gare près d'ici."

Comment cela s'est-il produit, si quelqu'un l'a proposé, ou comment nous en sommes arrivés là, je ne le sais pas, mais je sais que, de manière tout à fait inattendue, nous nous sommes retrouvés dans une petite gare routière, avec de nombreux bidons de lait sur son quai. Il ne fait aucun doute que nous étions complètement déséquilibrés mentalement, et c'était une bonne chose pour l'équipage du train de marchandises, qui roulait pour décharger et charger les bidons de lait, qu'il s'agisse d'une foule d'hommes faciles à vivre. Nous n'avons pas fait semblant de nous cacher, mais nous sommes montés hardiment sur les voitures et nous aurions commis un meurtre s'ils avaient tenté de nous rebuter. Le spectre du calme s'était emparé de nos cerveaux, et nous voulions le fuir comme devant une peste.

Encore une fois, le long et froid voyage, et puis, enfin, un grand éclat blanc d' éclat brillant dans les cieux nous ont dit que nous étions de nouveau chez nous, dans la ville de notre naissance, dont nous étions si fiers.

Mais pourrait-elle être fière de nous ?

Le reste de la nuit, ou plutôt le début de la journée, se passa dans des chaises de l'arrière-boutique de Callahan, qui nous paraissait un paradis après notre expérience « farouche » à la campagne. Après une sieste, je suis allé chercher mon Bill, qui m'a accueilli comme si je l'avais laissé seul aussi longtemps que lors de notre précédente séparation, puis je me suis de nouveau installé pour honorer de ma présence la plongée de Callahan.

En un jour, notre voyage à la campagne fut oublié et je me sentis assez résigné à reprendre ma carrière là où je l'avais laissée. Il y avait peu d'espoir que les choses s'améliorent dans Divedom pendant un certain temps et j'étais tout à fait disposé à reprendre le rôle du gentleman de loisirs, qui gagne sa vie fluctuante aux dépens de ses semblables.

Mais les jours de l'ancienne vie étaient comptés. Encore peu de temps, et j'allais être tiré du cloaque par quelqu'un que Dieu avait dû envoyer uniquement à cette fin. Pourquoi cela s'est-il produit et pourquoi j'ai été choisi, ni vous ni moi ne pouvons répondre, mais il me suffit de savoir que, même si chaque miracle d'autrefois se révélait être une fraude ou un sacrilège, l'existence d'un Dieu grand, puissant et vivant me serait prouvé sans l'ombre du moindre doute par le miracle qu'il a accompli sur moi par son plus doux prophète.

Seigneur mon maître, ici je te remercie, non seulement de m'avoir permis de vivre la vie de pureté et de propreté, mais aussi de m'avoir fait sortir de la vie des plus misérables et des plus pécheurs. Tes voies sont mystérieuses et nous ne devons pas connaître tes desseins, mais j'ai souffert, appris et prié, et je sais que tu ne laisseras pas cela rester sans succès. Et si je ne peux rien faire d'autre, donne-le pour elle, je vivrai toujours de la manière dont elle voulait que je vive et c'était dans Ta manière, Dieu.

CHAPITRE XII.

LA FRONTIÈRE DE LA NOUVELLE VIE.

De retour à New York de mon voyage à Philadelphie, je suis immédiatement retombé dans mes anciennes habitudes, ce qui signifiait pour le moment que je m'installais à nouveau comme ornement dans et devant le plongeon de Mike Callahan à Chatham Square. Les choses dans notre secteur d'activité devenaient chaque jour plus calmes et personne ne semblait savoir quand cette sécheresse dans l'ancien pays d'abondance cesserait.

Notre occupation temporaire pendant cette accalmie était de « préparer » des choses faciles et des drageons. Mais même eux semblaient diminuer et, finalement, nous fûmes réduits au désespoir. Puis, lorsque la faim et la soif inextinguible furent de moins en moins satisfaites, certains membres de la bande surmontèrent leur lâcheté innée et devinrent « tordus ». Un, deux et trois partiraient en expéditions secrètes et reviendraient soit avec de l'argent ou des biens facilement jetables, soit ne reviendraient pas du tout, du moins pas avant longtemps. Le gang pouvait très bien se permettre de pourvoir à ces vacances occasionnelles parmi ses membres, car il en comptait plus d'une cinquantaine et de plus en plus le rejoignaient constamment.

Je ne fais pas de déclaration mensongère et je ne souhaite pas mettre à l'épreuve votre croyance indûment lorsque je vous dis que je n'ai pas pris une part active à ces agissements « véreux ». Ma liste de méfaits est si longue qu'un de plus ou de moins ne ferait qu'une petite différence, et je n'ai aucune raison de vous mentir.

S'il avait été nécessaire que je devienne « tordu », je l'aurais sûrement fait, mais ce n'était pas nécessaire.

J'étais le chef reconnu de notre gang, et les dirigeants de ou dans quoi que ce soit ont toujours certaines prérogatives. Sur chaque expédition, je recevais une petite part. J'étais « jalonné », c'est l'expression appropriée. Le retour que j'ai fait pour la « mise » était assez faible.

Au cas où un ou plusieurs de ces hommes seraient incarcérés dans la prison de la ville, je devais, sans être officiellement connu de la police, leur rendre visite et servir d'intermédiaire entre les avocats et leurs amis "de l'extérieur". Si des grognements de bar entre l'un des hommes et des étrangers commençaient, je devais me jeter - quels que soient les mérites du combat - dans la confusion pour y mettre fin rapidement en faveur de mon frère fainéant .

N'ayant pas à participer à aucune des expéditions mentionnées, j'avais tout mon temps pour moi et je ne quittais presque jamais chez Callahan. En vérité, j'étais en bonne voie de devenir l'un des monarques du Bowery, n'ayant été, jusqu'ici, qu'un des chevaliers errants de cette localité. C'était le début de l'été, et sauf lorsque des affaires de nature liquide ou financière m'appelaient à l'intérieur, j'aurais toujours pu être vu sur mon fût au bord du trottoir, flanqué et entouré d'une galaxie dont les visages mêmes faisaient des hommes, des hommes respectables, joignent leurs mains sur leurs montres et leurs portefeuilles.

Je me souviens qu'un jour, un « sport » avait décerné un prix pour la « tasse la plus simple » chez Callahan, et qu'un scrutin précipité m'avait attribué le prix. Il y avait cependant des circonstances atténuantes, que je n'ai pas envie d'évoquer, l'affaire dans son ensemble ne m'intéressant pas beaucoup.

En traînant autour des plongées toute la journée, nous, les « habitués », avons souvent trouvé que le temps nous pesait lourdement. Pour nous aider à surmonter ces périodes d'ennui, nous avons inventé un sport doux. Le trottoir était très large, la circulation était dense, la police, pour des raisons politiques, absolument aveugle à nos agissements, que avions-nous besoin de plus ? De nos fûts, nous regardions, comme la galerie de la pièce, le spectacle qui passait, et nous étions souvent si intéressés par le drame qui se jouait sans cesse, que nous y prenions nous-mêmes part.

Y a-t-il un sport plus viril et plus noble que celui où beaucoup, avec des chevaux piétinants et des chiens jappant et hargneux, se jettent sur le renard effrayé et insensé et le déchirent jusqu'au bout, après l'avoir en partie achevé par des coups de sabots. et une morsure de chien ? Bien sûr que non. S'il s'agissait d'un sport peu viril, peu féminin et ignoble, nos classes « supérieures », nos dirigeants sociaux, ne l'apprécieraient pas. Nous, de Chatham Square, imitions nos modèles dans les cercles supérieurs et, n'ayant pas de renard dans notre collection d'animaux rares, choisissions les piétons qui passaient comme objets de notre sport.

Notre imitation de nos « meilleurs » était assez correcte. S'il n'y en avait qu'un ou deux sur les fûts, les passants ne seraient pas inquiétés ; mais quand la bande était là en nombre, alors malheur à l'homme ou à la femme inoffensif, dont nous avons ouvert la voie.

Pour être plus précis, notre « sport » consistait en insultes de toutes sortes envers les piétons. Les personnes âgées – et en particulier les vieilles femmes – ont reçu l'essentiel de notre attention ludique. Ils étaient nos victimes préférées, car ils étaient moins susceptibles d'en vouloir à notre brutalité. Cela me fait rougir quand je pense à notre lâcheté bestiale. Il y a plus de virilité chez un chien bâtard que chez toute notre bande !

Et dans ce sport, j'étais le leader reconnu.

Il y avait de nombreuses variantes à notre jeu. Nous mettions rapidement nos pieds entre ceux des hommes et des femmes qui passaient, les «

trébuchions » et les envoyions s'étaler sur le trottoir ; nous leur jetions des fruits pourris et des légumes pourris ; ils se heurtaient délibérément à eux, perturbaient leur équilibre et, en plus de tout cela, leur faisaient pleuvoir des avalanches d'expressions sales. Pourquoi ne l'ont-ils pas ressenti ? Parce que les gens qui étaient obligés d'y passer ne l'ont pas fait par choix, mais parce qu'ils y étaient obligés et connaissaient la calibre de notre tribu. Ils savaient que, comme le coq retiré de son fumier, seuls et sur un terrain différent du nôtre, nous étions rampants, lâches caricatures d'hommes, et courageux seulement quand nous pouvions nous jeter en masse sur Un .

Pourtant, même les fainéants peuvent être sauvés de leur moquerie de l'existence, mais il faut employer des moyens différents de ceux stéréotypés d'aujourd'hui. Où est la récolte des millions semés dans l'East Side ? Le moment, le jour, l'heure est venu pour un Messie dans les bidonvilles qui aura beaucoup de piété, plus de virilité et, surtout, de bon sens. Apportez moins de paroles et plus de muscle ; moins d'hymnes et plus de travail, et il y aura un écho à votre travail dans chaque ruelle et ruelle.

Ma carrière de paresseux s'est déroulée de manière si régulière que je ne pouvais pas imaginer une telle chose comme une interruption. Sans un instant d'avertissement, de la manière la plus ordinaire, le message de l'autre côté de la frontière de la décence m'a été apporté par quelqu'un que je ne peux appeler autrement que l'un des anges de Dieu.

Cela avait été une journée des plus calmes. Au début de la matinée, « Skinny » McCarthy, un de mes amis intimes, m'avait informé que « quelque chose se passerait » ce jour-là. Je lui ai donné la bénédiction de mon voleur et je l'ai accéléré sur son chemin.

Les « maigres » appartenaient à la classe des plus méchants greffeurs. Son travail consistait à parcourir des kilomètres et des kilomètres à la recherche de camions et de wagons laissés temporairement sans la protection du conducteur. Sortir quelque chose du véhicule, puis accélérer le pas, tout en tenant l'objet volé devant lui, n'était qu'un effort d'un instant. Naturellement, les recettes des expéditions de « Skinny » n'ont jamais été très importantes, mais il a continué si constamment et a dépensé ses quelques dollars si rapidement qu'il était pour moi une connaissance plutôt pratique.

Il était environ deux heures de l'après-midi du 2 juin lorsque « Skinny » revint chez Callahan et, m'attirant à l'écart, me murmura qu'il avait fait mieux que d'habitude. Je l'ai félicité pour son zèle et sa chance, je l'ai encouragé à de plus grands efforts, puis j'ai suggéré que notre soif trouve une fin immédiate. Immédiatement, à un signal de ma part, plusieurs autres oiseaux de notre plume nous rejoignirent et nous célébrâmes le retour sain et sauf de "Skinny" de la manière habituelle.

Le seul défaut sérieux que j'ai eu à trouver à "Skinny" McCarthy était qu'il ne supportait pas beaucoup l'alcool. Juste au moment où les autres commençaient à ressentir les influences apaisantes de la boisson, "Skinny" était toujours tellement ivre qu'il perdait tout contrôle sur ses paroles et ses actions. Il était un peu un adorateur de héros, et moi, remarquez, j'étais son héros. Dès que les vapeurs des choses consommées lui embrouaient la cervelle, il déclarait avec une emphase hurlante et rugissante qu'il était un voleur et fier de l'être, qu'il ne se souciait pas de ce que les autres pensaient de lui tant que j'étais son ami. , et qu'il était toujours prêt à partager avec moi, car il savait que je resterais à ses côtés s'il se mettait à « faire du bruit ».

Tout cela me paraissait très flatteur et semblait doux à mes oreilles, mais, étant d'une capacité illimitée, je ne me trouvai jamais assez ivre pour jouir de cette approbation trop publique.

A cette occasion, le 2 juin, « Skinny », ravi de son expédition remarquablement réussie, a acheté des boissons si vite qu'en un peu plus d'une heure, il était proche du coma. En tant que chef du gang, j'étais plus ou moins responsable de la sécurité individuelle de mes camarades et, ne me souciant pas de voir "Skinny" complètement impuissant si tôt dans l'après-midi, j'ai ordonné d'arrêter de boire et j'ai proposé un ajournement aux fûts. sur le trottoir, espérant que l'air ranimerait en partie mon disciple malade.

Ma suggestion a été acceptée et j'ai ouvert la voie jusqu'au trottoir, suivi de près par « Skinny ».

Juste au moment où j'avais atteint le trottoir et que j'étais sur le point de m'asseoir sur mon fût, j'ai entendu une légère agitation, suivie d'un cri étouffé, derrière moi. En me tournant tranquillement, j'ai vu ce à quoi je m'attendais.

C'était une de nos ébats habituels. "Maigre" McCarthy était volontairement et violemment entré en collision avec une jeune fille frêle. Même si je ne pouvais pas voir son visage, sa silhouette et son apparence générale dénotaient la jeunesse. Mais qu'importaient pour nous la jeunesse, l'âge, le sexe ou la taille ?

Ils formaient tous un cercle autour d'elle, souriant et la regardant. Moi aussi, j'avais l'intention de participer à la joie générale. Mais avant que mes muscles du visage aient eu le temps de se transformer en un rire brutal, la jeune fille s'est retournée, a regardé McCarthy, moi, nous tous et, très distinctement, j'ai pu y lire la phrase : « Et vous êtes des HOMMES !

Il y avait peut-être une raison psychique ou physique à cela, mais quoi qu'il en soit, je pouvais presque ressentir, lorsque son regard se posait sur moi, la sensation corporelle de quelque chose qui se brisait ou se libérait en moi. C'était comme si un ressort, retenant une certaine force, s'était soudainement libéré de son étreinte et avait, comme une catapulte, mis en action une nouvelle puissance.

Je n'avais ni l'envie ni l'intelligence de tout m'expliquer. Au lieu de cela, je me suis précipité dans la foule, je l'ai déchirée, jusqu'à me retrouver devant McCarthy, qui, sans un mot de ma part, a reçu un coup de ma part sous l'oreille, le faisant tomber au sol.

Cette action décisive et inattendue de ma part a tellement étonné les membres du gang qu'ils sont restés immobiles pendant plusieurs secondes avant de prêter la moindre attention à McCarthy, qui gisait immobile sur le trottoir. Ils ne savaient pas quoi en penser. Étais-je plus ivre qu'ils ne l'avaient jugé ? Y avait-il une rancune privée entre McCarthy et moi ?

Que j'aie agi uniquement pour sauver la jeune femme d'une nouvelle insulte aurait été – s'ils l'avaient deviné – aussi inexplicable pour eux que pour moi.

Je n'ai pas prêté attention à leur attitude interrogative, mais, d'un ton bourru, j'ai demandé à la jeune femme de m'accompagner. Elle était complètement désorientée et me suivit machinalement.

Le pauvre « maigre », dans son état abasourdi, était toujours au sol, ce qui, comme toujours, offrait un spectacle intéressant aux nombreux oisifs qui avaient rejoint le rang des spectateurs. Moi, tenant la jeune fille par le bras, je les parcourus sans problème puis je m'adressai à mon compagnon.

"Dis, ma sœur, je suppose que je ferais mieux de marcher un pâté de maisons ou deux avec toi, parce que je pense que c'est mieux. Cette poussée là-bas ne te fera rien, mais ils sont tous ivres et pourraient redevenir frais pour toi."

Certes, ce n'était pas un discours très cavalier, mais, d'une manière ou d'une autre, il a été compris et mémorisé. Souvent, à l'avenir, nous - elle et moi - avons ri de cette offre de mon protectorat, dont elle se souvenait mot pour mot.

La foule à travers laquelle j'avais brutalement forcé un passage pour la jeune fille et moi se referma derrière nous, et alors les portes de mon ancienne vie commencèrent à bouger en grinçant sur leurs gonds rouillés et lentement à se fermer entièrement. Ils ne se sont pas refermés avec fracas – s'ils l'avaient fait, j'aurais peut-être été conscient de leur manœuvre et j'aurais très probablement opposé une résistance – et même leur lenteur m'était inconnue à l'époque, mais seulement reconnu par moi dans les années à venir. Cela arrive à beaucoup d'entre nous. Nous réussissons ou sommes malheureux, riches ou pauvres, et pouvons, dans notre état acquis, remonter clairement à un événement qui a marqué la séparation des chemins.

CHAPITRE XIII.

LE DÉBUT DU MIRACLE.

Pour la première fois de ma vie, je me suis retrouvé à jouer le rôle d'un chevalier chevaleresque et, je vous l'assure, le plus pauvre acteur n'aurait pas pu le jouer plus mal. Une partie de mon existence avait été consacrée à observer les autres. Non pas pour apprendre d'eux par l'observation, mais pour découvrir leurs faiblesses. Bien que je me sois engagé dans la partie la plus importante de mes observations, je n'y ai jamais été si concentré que j'en ai entièrement négligé les détails mineurs. J'avais donc vu des messieurs aider des dames à monter et descendre des voitures, je les avais vu aider leurs amies à franchir les caniveaux et les passages à niveau et leur ouvrir les portes. En marchant à côté de la jeune femme, je savais que l'on attendait de moi quelque chose en termes de politesse, mais moi qui avais toujours été habitué à affronter « les jeux les plus durs et les probabilités défavorables », je me sentais très mal à l'aise de ne pas savoir quoi faire dans un moment. cas comme celui-ci. C'était peut-être la raison pour laquelle, au lieu de la voir pendant un pâté de maisons ou deux, j'ai continué à marcher à côté d'elle, parce que je ne savais pas comment prendre congé sans offenser gravement par ma manière d'exprimer mon départ . La vérité, c'est que j'avais peur.

Cette confession de ma part vous amènera à penser qu'il y avait quelque chose dans sa façon d'inspirer la crainte ou la peur. Mais vous avez tort, très tort.

Elle n'était ni grande, ni sculpturale. Elle n'était pas une fille « à l'allure de reine », à en juger par son apparence extérieure. Sa royauté était intérieure, si puissante, si convaincante, que ni l'homme ni la bête ne pouvaient s'empêcher de s'incliner devant elle. J'étais confronté au dilemme de vouloir être un gentleman, un courtisan de ma reine, et de ne pas savoir comment l'être.

D'une manière ou d'une autre, poussé, j'ai continué à marcher à côté d'elle. Elle ne manquait pas d'expressions de gratitude, mais je ne fis pas mieux que de les saluer avec des grognements profonds.

Pour m'expliquer les choses, elle m'a dit qu'elle était enseignante dans l'une des écoles voisines et qu'elle était obligée de passer par notre « lieu de rencontre » tous les jours en allant et en revenant de chez elle. En échange de sa confiance, j'aurais dû me présenter, mais, hélas ! ce gros ouf imposant ne connaissait rien à la politesse.

Mais cette jolie petite fille était une merveille de tact et de diplomatie. Sans faire de commentaire ni feignant de remarquer que j'avais négligé l'introduction habituelle, elle se nomma inquisitrice en chef. Elle m'a fait comparaître à la barre des témoins et m'a contre-interrogé. Des questions suggestives m'ont été lancées avec la rapidité d'un avocat qualifié. Avant même de m'en rendre compte, elle savait tout de moi et j'avais honte ò voir un petit acarien comme elle briser toutes les barrières de cette réticence dont je me vantais.

Nous avons continué notre route, la rue avançant en contrebas et sans que nous nous en rendions compte. Elle m'a arrêté à Houston Street et au Bowery et j'ai regardé autour de moi comme si je descendais d'un rêve. Elle voulait que je la laisse là et que je retourne à Chatham Square, ou d'où que j'étais venu. Mais le bouledogue en moi grogna et persista à la reconduire jusqu'à sa porte. Nous nous arrêtâmes dans une modeste maison d'habitation de Houston Street , près de Mott Street. Elle m'a remercié avec beaucoup d'émotion et, s'attendant à un minimum de politesse de ma part, a attendu une seconde ma réponse. Il y a des choses qu'on apprend sans en avoir conscience, et je savais et sentais que je devais dire quelque chose, mais mon courage s'était enfui, mes genoux s'étaient affaiblis sous moi et les mots que je voulais prononcer restaient coincés dans ma gorge, retenus là par ma peur. de ne pas pouvoir utiliser la bonne expression.

Finalement, j'ai lancé un « Bonne nuit » bourru, puis je me suis retourné pour partir. Je n'avais pas le droit d'y aller.

"Où vas-tu?" elle a demandé. "J'ai bien peur que vous ayez hâte de retourner à cet endroit de Chatham Square. N'y allez pas."

« Où puis-je aller d'autre ?

"Où d'autre?" » demanda-t-elle avec un mélange de pitié et de mépris. "M. Kildare, je n'ai absolument aucun droit de m'immiscer dans vos affaires, mais j'ai le droit de vous dire la vérité. Vous ne le savez peut-être pas ou si vous le saviez, vous le nieriez, mais vous et la plupart des hommes Les membres de cette bande sont trop bons pour en faire partie. Nous sommes des étrangers, et vous me trouverez peut-être présomptueux, mais un homme, fort et valide comme vous, pèche contre son Créateur s'il perd ses jours dans une oisiveté qui lui est nuisible. et d'autres."

"Oh, j'ai déjà entendu ça, jeune femme, mais ce genre de discours ne vaut rien."

" Cela ne veut rien dire ? D'après ce que vous m'avez dit de vous et d'après ce que j'ai vu de la vie dans la rue, je crains qu'il ne soit pas absolument impossible qu'un de ces jours, vous vous retrouviez dans de graves ennuis. . Et, M. Kildare, vous pouvez être assuré que les prisons sont pleines d'hommes qui sont convaincus, quand il est trop tard, que ce genre de discours vaut quelque chose. Vous dites que vous ne savez pas où aller.

magnifique. Il y a des parcs, le bord de la rivière, le pont de Brooklyn, où l'on peut aller s'asseoir et réfléchir... "

"Réfléchissez," l'interrompis-je, "maintenant, à quoi devrais-je penser ?"

Elle resta silencieuse un moment puis me tendit la main.

"Je suis vraiment désolé pour vous, tellement désolé. Essayez d'être un homme, un homme qui a plus que de la force et des muscles. Et - et - ne soyez pas offensé par ma sollicitude - priez, priez souvent." Elle était presque entrée dans la salle, mais recula de nouveau et murmura : « Je prierai pour vous ce soir.

Prier! Je peux imaginer le ricanement qui s'est sûrement posé sur mon visage. Le nom de la Divinité avait été utilisé quotidiennement par moi. Mais de quelle manière ! Avant d'atteindre l'adolescence, j'étais passé maître dans l'art du blasphème, et mes compétences en matière de malédiction ont augmenté à mesure que je vieillissais. Et maintenant, elle m'avait conseillé de prier, d'utiliser avec révérence ce nom qui n'avait aucun sens pour moi et qui glissait avec désinvolture de mes lèvres à la moindre provocation. Eh bien, c'était ridicule – mais était-ce si ridicule ?

Les deux ennemis jurés ont commencé une bataille acharnée en moi. Je me souviens sans aucun problème de ma promenade jusqu'à Chatham Square cette nuit-là. Parfois, je m'arrêtais, m'appuyais contre un lampadaire et disais : « Par le ciel, je pense qu'il y a une grande part de vérité dans ce qu'elle a dit ! Fort de cette assurance, je repartais de zéro, je marchais pendant un demi-pâté de maisons, puis je m'arrêtais de nouveau pour écouter l'autre voix qui murmurait : « Imbécile, n'écoute pas les discours des femmes. Tu es quelqu'un. Tu es connu et craint. et ce ne serait pas ça si tu étais un gentil-un gentil.

Beaucoup d'hommes sont seulement craints, alors qu'ils se croient respectés. C'est ainsi que j'ai vécu, et c'est pourquoi mon « autre » voix ne disait pas « respecté », mais « craint ».

La bataille s'est déroulée en moi jusqu'à ce que j'arrive presque à Chatham Square. Et puis une chose étrange s'est produite. La maison de Mike Callahan se trouvait du côté ouest de la place. J'étais descendu de ce côté, mais, arrivé au coin de la place, j'ai délibérément traversé le trottoir est et, de là, j'ai inspecté mon terrain de camping.

Je me suis levé et j'ai regardé la façade illuminée de façon flashy du plongeon de Mike Callahan et j'ai oscillé entre les influences anciennes et les influences nouvelles. Cela aurait été risible si cela n'avait pas été si pitoyable.

Pensez-y, un homme, soi-disant intelligent et mûr, se considérant comme le martyr des martyrs s'il devait renoncer aux « plaisirs » de la plongée de Callahan pour une nuit précieuse.

L'influence du nouveau venu était puissante, mais elle était si étrange, si inexplicable pour moi, que j'aurais pu refuser d'y prêter attention et me serais laissé persuader par mes anciennes inclinations, si je n'avais pas pensé à mon bon vieux Bill. L'importance de ma récente aventure avait temporairement chassé mon partenaire de mon esprit. Mais maintenant, je pensais à lui, je me rappelais qu'il avait été soumis à un long jeûne à cause de ma négligence et je me précipitais au grenier pour compenser ma négligence. Je l'ai trouvé toujours aussi attentif et philosophique, et je l'ai observé avec un intérêt langoureux pendant qu'il grignotait les restes que j'avais gardés pour lui. Puis je me suis rendu compte que Bill avait été privé de sa promenade habituelle avec moi et qu'il n'avait pas eu une bouffée d'air frais de la journée. Je repensai également à ce qu'elle avait dit à propos des parcs et du pont de Brooklyn, et voilà que Bill et moi nous trouvâmes dans la rue, en direction de City Hall Park, comme deux citoyens éminemment respectables déterminés à se faire un peu de plaisir. air.

Je me consolai de cette démonstration évidente de faiblesse en me résolvant catégoriquement de retourner chez Callahan dès que Bill aurait eu sa dose d'air frais.

Nous étions relativement étrangers au City Hall Park. Chaque pied du parc et des trottoirs qui l'entourent avait été parcouru par mes pieds nus il y a de nombreuses années, mais je n'avais jamais regardé l'oasis de feuilles à la lumière d'un terrain de loisirs.

Nous nous sommes sentis un peu déplacés et c'est probablement pour cette raison que nous avons choisi l'endroit le plus isolé et le plus inaperçu pour notre sieste expérimentale. Le perron arrière de l'hôtel de ville, face au palais de justice du comté, était dans l'ombre profonde, et nous nous y sommes assis pour tester ce que l'on ressentait en étant là juste pour se reposer.

Nous avons progressivement compris que le parc de l'hôtel de ville était presque aussi intéressant que le trottoir devant le restaurant de Mike Callahan sur Chatham Square. Un flux perpétuel de personnes traversait notre vue en se rendant au pont de Brooklyn et en revenant des ferries de Jersey. Très peu d'entre eux marchaient tranquillement. La plupart d'entre eux semblaient pressés et tous semblaient avoir un objectif précis. Bill et moi étions les deux seuls sans but.

Ah non, c'est une erreur de ma part de dire ça. Laissez-moi parler uniquement pour moi. Bill avait un objectif, et un objectif noble.

Mes pensées allaient bizarrement cette nuit-là. J'ai regardé autour de moi et j'ai vu les gens sur les bancs. A l'époque comme aujourd'hui, la majorité des sièges étaient occupés par des hommes sans abri, des « has been ».

"Eh bien, je suis sûrement meilleur que ces clochards," m'assurai-je avec un sourire narquois satisfait.

Étais-je meilleur que ces clochards ? La nouvelle voix m'a donné la réponse. Ces vagabonds, désormais inutiles, avaient autrefois été utiles, avaient travaillé et gagné, mais moi, presque trente ans, je ne pouvais pas qualifier une journée de ma vie de bien dépensée.

Ce fut une nuit merveilleuse pour nous, cette nuit à l'ombre du parc de l'hôtel de ville. C'était la première nuit où je réfléchissais et me trouvais à ma véritable estimation. Les saints ne se font pas en un jour, et j'étais toujours dur et insensible, mais, après mon introspection, un sentiment s'est emparé de moi qui ressemblait beaucoup à de la honte. Au lieu de revenir par le chemin par lequel nous étions venus, via Chatham Street – maintenant appelée Park Row – nous sommes rentrés chez nous par Centre Street. Nous sommes passés devant les Tombeaux, la sinistre prison pour les délinquants de la ville, et Bill et moi l'avons regardé d'un air songeur. Il y en avait beaucoup dans les cellules que je connaissais. Beaucoup d'entre eux pouvaient à juste titre m'appeler leur complice, parce que j'avais volontairement dépensé leur argent avec eux, sachant, ou du moins soupçonnant, comment cet argent avait été obtenu. Et combien de temps faudrait-il avant qu'une cellule là-dedans ne soit qu'une étape pour moi avant d'entreprendre le long voyage « en amont de la rivière » ?

La simple suggestion de cela me faisait frissonner et je fis remarquer à Bill que notre grenier, aussi humble soit-il, était préférable à un séjour à Sing-Sing.

Puis une inspiration m'est venue et, encore aujourd'hui, je me fais croire qu'elle vient du vieux Bill. Je suis probablement idiot de l'avoir fait, mais je veux que mon ancien copain ait toute sa part de crédit dans ma réincarnation. L'inspiration était : "Pourquoi ne pas essayer de rester dans mon grenier plutôt que d'aller à Sing-Sing ?" À cela s'ajoute un ajout : « Si vous parvenez à vous éloigner de la route qui mène à la prison, il n'est peut-être pas toujours nécessaire de rester dans un grenier. Il y a des pièces plus joliment meublées dans la ville que votre cagibi au dernier étage. , ami Kildare.

Comment puis-je maintenant, à cette distance, analyser mes sentiments de cette nuit critique ? Je devrais réaliser un prodige psychique, et je ne suis pas ce genre de magicien. Mais je ne suis pas retourné chez Callahan et je n'y suis jamais retourné depuis pour participer aux festivités gluantes.

Dans notre grenier, Bill et moi nous sommes livrés à un examen minutieux mutuel. Un changement extérieur a dû être perceptible en moi, car Bill m'a observé d'un œil très critique.

La seule chose dont je me souviens le mieux de tous les petits incidents qui ont laissé leurs impressions claires dans mon esprit, c'est ma première tentative de prier.

Bill était allongé à sa place habituelle au pied de mon lit, et j'étais allongé sur le dos, regardant le plafond et surmontant mon étonnement d'être au lit à une heure si surnaturelle en racontant les événements de la journée. Je me suis attardé le plus longtemps à la scène devant sa porte et j'ai essayé de rire lorsque mon train m'a amené à son conseil de prier. D'une manière ou d'une autre, le rire n'était pas sincère et, au lieu de pouvoir continuer le récit de mon esprit, je ne pouvais pas échapper à son avertissement.

Ce n'était pas tout. Un soliloque s'ensuivit et se termina avec pour résultat de donner à la prière une chance de faire ses preuves. Pourquoi pas? Cela ne coûtait rien, cela pouvait quand même faire du bien et, d'ailleurs, il serait intéressant de noter ce que l'on ressent en priant.

J'ai prié, et vous ne m'accuserez pas d'irrévérence lorsque je déclare que ma prière a été certainement l'une des plus drôles qui aient jamais roulé sur le trône du Père. Ce n'était guère une prière. Le « tu », le « toi » et le « ton » manquaient malheureusement. Je n'ai pas pensé ni demandé avec foi. Bien au contraire. J'ai franchement avoué mon scepticisme. L'essentiel était qu'on m'avait dit que Dieu pouvait faire beaucoup de choses, tout. Celle qui m'avait dit cela possédait mon plus grand respect, mais n'était qu'une petite fille, pas aussi expérimentée que moi et peut-être dupe. Donc, si Dieu voulait que je croie en Lui, Il devrait me donner immédiatement une preuve concluante, sinon je perdrais un disciple. C'était une conversation à cœur ouvert des plus informelles et ne sont-elles pas les meilleures prières ?

J'ai dit assez froidement qu'on m'avait dit que je n'étais pas aussi homme que je le pensais et qu'il y avait une vie bien meilleure que celle que j'avais menée. Eh bien, j'étais prêt à l'essayer et, si j'aimais vraiment la nouvelle vie plus que l'ancienne, j'ai promis de m'en tenir aussi étroitement à Dieu que je l'avais été à tout ce qui était mauvais auparavant.

Il ne faut pas négocier avec le Créateur, mais je suis sûr qu'au Jour du Jugement dernier, mon Dieu trouvera des circonstances atténuantes. Quant à l'accord conclu ce soir-là, les deux parties l'ont respecté.

CHAPITRE XIV.

LES VIELLES PORTES FERMÉES.

Être sobre au lit et en dehors était une expérience rare et je me sentais gêné par cette sensation inhabituelle. Heureusement, j'ai trouvé de l'argent dans ma poche et cela m'a privé de l'excuse de ma conscience selon laquelle je devais aller chez Callahan pour récupérer l'argent de mon petit-déjeuner. Comment nous avons mangé ce matin-là, Bill et moi, et comment nous avons savouré notre petit-déjeuner. Oui, j'ai bu un verre, un grand verre de whisky, mais pas parce que j'avais oublié ma résolution de la veille, mais parce que j'étais encore ignorant. Pour être tout à fait honnête, j'ai toujours été un peu cynique face à ces conversions soudaines d'ivrognes confirmés.

Il n'y a pas si longtemps, j'ai rencontré un homme lors d'une mission de sauvetage à laquelle je participe fréquemment et qui, comme on dit à Bowery, "mange du whisky" et en subsiste presque. Il était sans abri, ou plutôt sans lit , sa maison ayant été confisquée depuis longtemps, et a reçu son « ticket de lit » du missionnaire après sa confession de salut. Il m'est arrivé de le rencontrer le lendemain ; et son haleine était forte du parfum des clous de girofle. Il m'a dit qu'il aimait les mâcher, ce qui est un passe-temps plutôt étrange.

Loin de moi l'idée de calomnier qui que ce soit, pourtant le parfum du clou de girofle peut cacher une multitude d'arômes.

Sublime est le but des missions de sauvetage, mais comment et si elles atteignent cet objectif est une autre histoire, dont nous pourrions discuter dans le futur.

Une autre habitude qui me tenait encore à cœur était de me lever tard. Il était midi lorsque Bill et moi sommes apparus dans la rue en route vers le restaurant. Après le petit-déjeuner, nous nous sommes dirigés vers le parc de l'hôtel de ville, avons regardé gravement et sagement l'endroit où nous nous étions assis la veille au soir, puis nous nous sommes permis le luxe d'une journée de rêve.

Les rêves sont des gars drôles, qui font toujours des farces. Ce rêve m'a tenu dans mes bras jusqu'à ce que je me retrouve dans le voisinage immédiat de l'école où un certain petit professeur était en train de conduire l'esprit infantile à travers le labyrinthe des A, B, C.

Bientôt, ils commencèrent à sortir en trébuchant avec des rires et un brouhaha bruyants, naturels et sains, et la rue sombre devint un long flot frétillant d'enfants bavardant. Je n'ai pas pu m'empêcher de repenser à mes années d'enfant et j'ai essayé d'imaginer ce que ça ferait d'avoir son ardoise et ses livres sous le bras. Il y avait beaucoup de jeunes avant moi et je n'arrêtais pas de les regarder pour me faire une idée de ce à quoi j'aurais ressemblé en sortant de l'école, de mon école.

Elle est enfin venue !

En voyant les petits enfants, ses pupilles, s'accrocher à ses jupes par amour pour elle, j'ai senti une lumière, une oriflamme, dans ma poitrine, et j'ai su que j'aurais à mener un combat plus dur que jamais ; que je devrais me vaincre avant d'oser toucher le bas de sa jupe comme ces enfants. Et celui qui se bat, se bat mieux lorsqu'il est en présence d'un emblème inspirant. Alors j'ai pris mon drapeau à voile et je l'ai cloué au mât de la pureté. Il a résisté à toutes sortes de conditions météorologiques. Parfois, il s'affaisse, mais encore une fois, il vole avec défi. Mais quoi qu'il en soit, il est toujours en sécurité sur le mât et y restera jusqu'à ce que je porte mes couleurs pour le dernier plongeon vers mon Dieu d'en haut.

J'ai traversé la rue et je me suis mis sur son chemin pour qu'elle ne puisse s'empêcher de me voir.

"Oh, M. Kildare !"

Elle s'est souvenue de mon nom.

Il m'est impossible de me rappeler comment j'ai agi lors de cette réunion. Cependant, je considère comme très chanceux qu'aucun passionné d'appareil photo n'ait pris de photo de moi. Le document humain qui en serait issu me serait certainement très embarrassant. Pourtant, si lourd et si lourd que j'étais, c'était la première fois de ma vie que je parlais à une fille sans même l'ombre d'un motif ultérieur ou impur, et une partie de mon manque de politesse peut être pardonné à ce titre.

Si je ne me souviens pas de mon comportement pendant cette scène, je peux me souvenir correctement de mes sentiments. J'étais dans la tourmente. Son visage exprimait un plaisir réel et non affecté en me voyant, et cela pour moi, si vous comprenez alors ma position sociale, était une aubaine incomparable. Si seulement les gens, les gens bons et bien intentionnés, se rendaient compte que le cœur le plus dur est très souvent le plus disposé à répondre à la bonté authentique et que, d'habitude, il n'est que dur, parce que, tout au long de la vie, il a dû se contenter du des bavardages stéréotypés qui passent pour un message de notre Dieu qui aime tout et qui aime tout !

Connaissant les tendances maladroites de mes membres et de mes bras, cela ne me surprend pas du tout que je reste là, traînant et vacillant, sans jamais remarquer la petite main qui me tendait la salutation la plus sincère.

Elle m'a accueilli gentiment, avec une surprise évidente.

Avec beaucoup de précaution, j'ai pris sa main délicate dans ma grosse patte musclée. Elle a parlé de « rencontre fortuite ». Depuis, j'ai souvent eu la certitude que lorsque je disais « rencontre fortuite », un scintillement dansait le temps d'un souffle dans ses yeux. Par la suite, je l'en ai souvent accusé et j'ai été sévèrement réprimé pour ma présomption. Pourtant, oui, elle était un ange, mais aussi une très femme, et, entre vous et moi, il y a des moments où une vraie petite femme au cœur ferme, à la tête froide et à la foi inébranlable est d'un plus grand bénéfice pratique pour un homme rude. , grand garçon comme moi que l'ange qui n'oserait pas prendre le risque d'abîmer ces vêtements enneigés ou de laisser la harpe rester impassible pendant quelques instants.

Étant moins familier avec l'étiquette qu'aujourd'hui, je n'avais pas de petit mensonge prêt, mais j'ai laissé échapper que j'étais venu là dans le but exprès de la voir. Elle parut un peu ennuyée et je m'empressai de lui expliquer que j'étais là pour la reconduire chez elle, afin qu'elle n'ait pas à courir le risque d'être insultée à nouveau. Lorsqu'elle apprit ma détermination à lui servir désormais de garde du corps, elle le gronda d'abord, déclara que c'était absolument inutile, puis se mit à rire et me dit que c'était très gentil de ma part.

Et pendant tout ce temps, je jouais un rôle et, comme je le pensais, si parfaitement qu'elle ne pouvait pénétrer mon déguisement. Mais elle ne pouvait pas se tromper. Elle a rapidement compris que je prétendais vouloir paraître un homme du monde assez prévenant, qui, n'ayant rien de mieux à faire, accomplirait un acte chevaleresque simplement dans le but de tuer une partie de son temps superflu. Le seul étonnant, c'est qu'elle m'ait permis de la déranger.

Alors, bien que ni marguerites ni roses ne décoraient notre chemin et que nous marchions le long des trottoirs bondés et pas trop propres du quartier des pauvres, commencèrent des promenades qu'on pourrait transformer en poésie, mais que je ne peux pas faire, n'ayant pas le don essentiel d'expression. Tout ce que je pouvais faire en échange de la permission d'être à ses côtés, c'était de me consacrer entièrement à la tâche de la protéger. La protéger contre quoi ?

Vous savez, ce qu'il y a de plus glorieux dans l'amour, c'est qu'il ne respecte aucune personne. Pour les riches comme pour les pauvres, la situation est la même ; ici pour être reçu dans la passion et l'impureté, là pour être accueilli dans un esprit meilleur et pour être niché dans un cœur toujours fidèle. Mais le mauvais côté de l'amour, c'est qu'il nous fait perdre le respect de la vérité. Bref, cela fait de nous d'excellents menteurs.

Où est le jeune homme qui ne lui a pas dit qu'il adorait que ses yeux faisaient ressembler l'étoile la plus brillante à une bougie de suif, ou que ses joues étaient comme des pêches ?

De la même manière, j'ai magnifié mon devoir de chevalerie envers moi-même. Certes, les dangers tout au long du voyage vers sa maison étaient insignifiants et peu nombreux, mais, grâce à mon imagination pleine d'amour, je me sentais aussi sérieux qu'un chevalier à plumes, et aucune reine fière, aux jours de l'épée et de la lance, n'avait de cavalier plus dévoué pour combattre. mourir ou vivre pour elle. Cela devenait désormais mon seul devoir, et avec un tel devoir, celui de servir les meilleurs et les plus vrais, un homme doit s'améliorer même malgré lui.

Chaque jour, beau temps, mauvais temps, j'attendais au coin au-dessus de l'école pour servir d'escorte permanente. Chaque jour, elle me disait qu'il n'était pas nécessaire de la reconduire chez elle, et pourtant, chaque jour, elle me le permettait. Quand on arrive dans un pays étranger, les petits détails ne sont souvent pas remarqués et, par la suite, on ne peut revoir que les images plus grandes. Je ne peux pas vous dire comment et pourquoi les tournants de nos conversations se sont produits, mais je me souviens de certains fragments de conversation et de questions très importants pour nous deux.

Par exemple, lors de notre troisième rencontre, elle m'a demandé si j'étais toujours l'un des objets décoratifs de Mike Callahan. J'ai alors ressenti, comme beaucoup d'entre nous l'ont ressenti auparavant et le ressentiront encore ; J'avais honte d'admettre que j'avais rompu mes liens avec le gang et que je n'y étais plus depuis la nuit où je l'avais ramenée à la maison. Vous voyez, je me considérais toujours comme un « sport brûlant » et je ne me souciais pas d'être identifié à quoi que ce soit de bon. Depuis, j'ai appris que dans certains milieux, il est courant de parler à la légère de sa religion et de rire d'être découvert en tant que pratiquant occasionnel. Cela donne une telle impression délirante de laisser entendre que vous êtes « vraiment diabolique ».

Ainsi, à sa question, je n'ai pas donné de réponse directe, mais j'ai fredonné, hésité et… menti.

"Non, je n'y suis pas allé ces deux dernières nuits, parce que... parce que je ne me sentais pas très bien, et... et, oh, oui, un soir, je suis allé à un spectacle."

Les plus grands mensonges peuvent être compressés en petits paquets, mais ils pèsent toujours le même poids.

Elle avait une façon de me faire savoir quand mes mensonges étaient trop transparents. Ce n'était pas ce qu'elle disait, mais à quoi elle ressemblait quand elle le disait.

En réalité, je m'étais éloigné de Callahan parce que j'avais pris de l'aversion pour cet endroit et pour tout le monde qui s'y trouvait, mais, bien sûr, il n'aurait jamais été utile de dire cela à une petite fille.

Apparemment, mon explication n'a pas été prise au pied de la lettre, car elle a simplement dit : « Oh, je vois. À peine une seconde plus tard, elle ajoutait : "Oh, je suis si contente."

L'intuition des femmes est certainement merveilleuse. Même un diplomate aussi accompli que moi a été terrassé sur-le-champ par une petite fille.

Eh bien, les jours passaient et nos promenades devenaient pour moi des promenades dans un royaume inconnu. Ses petites références informelles à la mère, au frère, à la maison, aux amis et au travail quotidien m'ont donné un aperçu d'une vie que je n'avais même pas imaginée. Vivre comme elle, dans une maison bien réglée et selon un horaire bien ordonné, n'avait jamais été souhaité par moi et, par conséquent, n'avait jamais été envisagé par moi.

« Si ce genre de vie produit d'aussi belles petites femmes, cela ne peut pas être si grave après tout, et cela vaut peut-être la peine d'essayer », tel fut mon raisonnement, et un désir sourd mais positif d'essayer ce genre de vie commença à se manifester. grogne dans mon âme.

Pendant que j'étais occupé à ces réflexions, elle ne resta pas entièrement silencieuse, mais me fit subir le service civil le plus sévère. J'ai dû répondre à tellement de questions — et avec sincérité aussi, car elle pouvait immédiatement déceler une invention — jusqu'à ce que je croie honnêtement que chaque heure de ma vie était couverte. Le résultat de tout cela fut que je fus le sujet de plusieurs des conférences les plus cinglantes jamais prononcées. Ces sermons me faisaient bouillir le sang, et souvent, dans ma barbe, je souhaitais qu'elle soit un homme, que je puisse clôturer définitivement le cours et tout d'un coup.

Il est tout simplement épouvantable de voir à quel point les petits gens — et surtout les femmes — sont impudents. Et le pire, c'est que nous, les grands, devons leur faire face.

Elle avait une manière particulièrement directe d'aborder les choses et ne mâchait jamais ses mots. L'effet a été que j'ai commencé à me replier sur moi-même.

Coquin moqueur, j'étais au sommet de la méchanceté ; avait souri et ricané à propos de la décence, de la virilité et de la féminité ; Je me considérais comme « quelqu'un » parce que je ne respectais pas les lois de Dieu et des hommes , et parce qu'un chœur d'imbéciles et d'amis avait toujours crié un amen à mes actes, et maintenant, maintenant, je me réveillais avec le fait pitoyable que je n'étais pas quelqu'un. seulement un « personne », mais une chose méprisable, méprisable, sans la moindre prétention au plus grand titre : celui d'homme.

Oui, c'était indéniable, le "quelqu'un" était tombé, tristement tombé de cheval, et tout son château de cartes avait été réduit en miettes par une petite écolière .

CHAPITRE XV.

UNE MATERNELLE D'UN.

M'éloigner de Callahan et des sinistres récoltes qui y étaient souvent récoltées avait un effet déprimant sur mes revenus. Pendant une période relativement longue, j'ai vécu avec quelques dollars, provenant de prêts impayés, maintenant résolument collectés. J'ai alors appris que si l'on s'éloigne de Callahan et des endroits similaires, on peut subsister avec un revenu remarquablement modeste. Comme cela avait été le cas pour moi, il s'agissait toujours de « se ménager et dépenser tranquillement ».

Mes dépenses sont devenues l'objet de nombreuses réflexions et calculs. Tant pour le loyer de la chambre, tant pour les repas, y compris le tarif de Bill, et tant pour les rasages et les faux frais ont été estimés au minimum le plus bas et de manière à durer le plus longtemps jusqu'à ce que quelque chose se présente. Ce quelque chose n'a pas manqué de se manifester.

Lorsque les fonds sont devenus dangereusement bas, j'ai pensé à certains de mes excellents amis, qui avaient souvent manifesté le désir que je les « entraîne » ou les maintienne en forme. Ces propositions avaient été si fréquentes qu'elles me faisaient penser qu'être riche impliquait d'être riche en maux.

Certains voulaient que je les fasse maigrir, d'autres voulaient plus de chair pour recouvrir leurs os, et ils sont tous venus vers moi, j'étais une telle autorité en anatomie et physiologie !

Je communiquai avec beaucoup de ces malades et bientôt je gagnai assez bien ma vie grâce à mes leçons de culture physique. Il y a un gros nuage sur ma conscience car mon bilan contient une vingtaine d'infractions liées à l'avancement de mon système de culture physique. Une confession franche est bonne pour l'âme, et autant avouer ici que, trop souvent, j'ai prescrit le même traitement aux gras et aux maigres.

Cette vocation n'était pas sans humour. Je me souviens d'un "patient" qui était gêné par trop d'embonpoint. Il ne croyait pas aux prescriptions de son médecin, mais préférait plutôt le système de culture physique du « professeur » Kildare. C'était un homme de grand poids dans les affaires publiques et physiquement. Environ 250 livres dans la chair, si je me souviens bien.

Il vivait dans le voisinage immédiat de Madison Square, et pendant de longues matinées, un public choisi, composé de plusieurs vendeurs de journaux, de quelques policiers et de moi-même, eut le spectacle édifiant de voir ces 250 kilos refusant absolument de fondre. courir autour de la place comme un fou à 5 heures du matin

Je ne pense pas que cela lui ait fait beaucoup de mal et que cela ait fait énormément de bien au public, si l'on considère le rire comme un signe d'amélioration de la santé.

Aucune peur du manque ou du besoin ne me menaçant, je me suis complètement abandonné à l'idée d'une vie meilleure. Je me délectais assez de ma nouvelle expérience, et les rêves de jour et de nuit étaient mon seul territoire.

Après quelques semaines, une crise est arrivée.

Nous étions arrivés chez elle après notre promenade habituelle depuis l'école. J'avais pris congé et j'avais déjà fait quelques pas, lorsqu'elle me rappela.

"M. Kildare, j'ai oublié quelque chose."

J'étais rapidement de retour à la porte, attendant d'entendre ce qu'elle avait oublié.

Elle sortit une petite carte de son sac et me la tendit.

"M. Kildare, vous avez été très gentil et prévenant et j'aimerais vous montrer que je l'apprécie. J'ai peur que vous le trouviez plutôt apprivoisé, mais j'espère que vous viendrez."

J'ai fait tourner la carte entre mes doigts et, sans la regarder, j'ai demandé : « Qu'est-ce que c'est ?

"Eh bien, juste un petit divertissement social de notre église."

« Quand et où cela a-t-il lieu ? Je n'arrêtais pas de demander.

"Je ne suis pas sûr de la date, mais la carte vous le dira."

Comme on l'a dit, je ne pouvais rien faire de moins que de me référer à la carte. Je ne sais pas si j'ai tenu la carte à l'envers ou ce que j'ai fait, mais mon secret était dévoilé et plus rien ne pouvait le cacher.

Je me tenais là, apparemment un homme intelligent et valide, incapable de chiffrer ou de déchiffrer même mon propre nom.

J'ai senti que tout s'éloignait de moi. Mon palais féerique de bonheur s'est effondré en morceaux. Que pouvais-je faire d'autre que m'éclipser, cacher pour toujours mon ignorance et ma honte ?

Pourquoi prolonger l'agonie de ce moment de torture ?

Je me tournai rapidement sans un mot, avec l'intention de retourner au sombre "d'où" je venais.

Mais avant que j'eusse fait un pas, une petite main saisit mon bras, et puis et là se mit à me guider fidèlement, et chaque fibre de mon corps massif et disgracieux frémit à ce réveil d'une vie meilleure.

Le souvenir des mois suivants – oui, des années –, sans la tristesse teintée, serait un peu d' humour des plus risibles.

Le travail de ma petite écolière est devenu doublé. En plus de sa classe à l'école, elle s'est occupée de ce jardin d'enfants encombrant et rauque. Je connais beaucoup de jeunes – que Dieu les bénisse ! – qui aiment leur école et leurs études, mais ils n'étaient pas de la partie avec moi lors de mes examens A, B, C. Jamais l'alphabet ne fut plus vite maîtrisé. En un temps étonnamment court, « chat, chat » et « rat, rat » furent orthographiés par moi avec la facilité d'un érudit primaire.

Qui n'aurait pas appris vite avec un tel professeur ?

Mon bon vieux Bill ne manquait pas de remarquer ce processus éducatif et en était profondément perplexe.

Notre grenier est devenu un bureau ; le lavabo, un bureau d'étudiant, avec une grosse tête disgracieuse penchée près d'une lampe à huile fumante.

Comme je me suis penché sur mes cours particuliers !

Le stylo aux doigts étroits traçait ces lettres alléchantes, tandis que les lèvres murmuraient l'orthographe d'un ton bourru. Naturellement, l'arithmétique faisait également partie de mon programme, et Bill lui avait souvent lancé l'énigme exaspérante : « Sept sur trente-cinq, combien de fois – oui, combien de fois ?

Bill s'asseyait toujours à côté de moi pendant mes études et me posait une centaine de questions.

"Dis, Kil , qu'est-ce que tu fais maintenant ? J'ai bien peur que ce soit une nouvelle sorte de folie. Sinon, pourquoi ne puis-je pas le faire aussi ?"

J'ai souvent répondu et expliqué, mais mon ancien copain n'a pas pleinement compris la situation jusqu'à ce qu'il rencontre mon professeur. Et puis? Pourquoi les rochers, les collines, les arbres, les oiseaux et les fleurs étaient tous sensibles à ce petit lutin, et Bill, d'un seul coup d'œil, vit que la fée de nos destinées venait tout juste de commencer son miracle d'amour.

Mais même les poupées peuvent parler et les perroquets peuvent imiter des bavardages vides de sens. Mon professeur voulait que j'aie les moyens de me sortir de mon fossé. Le petit sculpteur qui modelait cette énorme masse d'argile la plus commune pour lui donner l'apparence d'un homme voulait éveiller en moi ce qui ferait de moi quelque chose de différent de ce que j'avais été. Sortant des ténèbres les plus noires, je n'ai pas été immédiatement conduit dans le rayon de la lumière éblouissante, mais, comme les tout-petits de sa classe à l'école, elle m'a guidé, étape par étape, vers la voie de l'intelligence juste.

Peu à peu, j'ai commencé à voir – à voir avec les yeux de mon âme – et j'ai découvert autour de moi un grand monde regorgeant de preuves d'un Créateur tout-puissant et sage. J'ai commencé à comprendre et à aimer cette vie nouvelle et meilleure, et j'ai commencé à détester l'ancienne vie, qui essayait souvent de m'y ramener.

Nos leçons se poursuivirent avec beaucoup d'inconvénients et de difficultés. La distance entre l'école et la maison était d'un peu plus de dix pâtés de maisons, et pendant le temps qu'il nous fallait pour parcourir cette longueur, je devais rapporter ma leçon et recevoir des instructions pour des études supplémentaires. L'inconvénient de cette méthode n'était pas du tout propice à l'apprentissage, et un jour ma professeure m'a demandé de venir chez elle pour y recevoir mon cours.

J'avais du mal à en croire mes propres oreilles. Je devais voir l'endroit même où elle vivait. C'était au-delà de toute croyance. N'était-ce pas un sacrifice de sa part ? En effet, c'était le cas, et je ne pourrai jamais suffisamment souligner les nombreux sacrifices que cette douce petite fille a subis pour moi du début à la toute fin.

Comprenons sa position.

Marie Deering était le seul soutien de sa mère et d'un jeune frère invalide. Outre ces deux-là, elle n'avait qu'un seul autre parent, un frère aîné vivant dans une ville de l'extrême ouest. Le père, capitaine du génie à la retraite de l'armée britannique, était venu en Amérique pour disposer de plusieurs inventions. Quelle que soit la valeur de ces inventions, le capitaine connaissait peu les méthodes des affaires et du commerce et se retrouva bientôt sans ses inventions et le solde de ses économies. La déception et la santé défaillante se conjuguèrent pour raccourcir ses jours et la petite famille se retrouva sans père.

Le fardeau de subvenir à ses besoins tombait alors sur les épaules de la fille, et cela, comme tous ses autres fardeaux, était supporté avec une force d'âme digne d'un saint du ciel.

Il va sans dire que les Deering étaient des gens raffinés, et vous pouvez imaginer ce que cela signifiait pour eux de voir un homme grand et grossier s'immiscer dans leur cercle familial. Je n'oublierai jamais le visage horrifié de Mme Deering lorsque je suis apparu pour ma première leçon. Il n'y avait pas besoin d'interprète pour lire la question dans ses yeux : "Pour l'amour de Dieu, d'où vient cela et qu'est-ce que c'est ?"

Mais j'ai immédiatement trouvé un cher petit allié en la personne du frère invalide de mon professeur, qui m'a rapidement découvert un cheval prêt à se lancer dans de nombreux galops sauvages et dangereux, de la cuisine au salon.

Ce premier aperçu de la vraie vie à la maison m'a assez bouleversé. Depuis, j'ai vu bien d'autres endroits luxueux, mais aucun où mon cœur se sente autant à l'aise. J'ai tout remarqué, la propreté, le goût des décorations modestes, et j'ai serré les dents et j'ai dit : « Moi aussi, j'aurai une maison, une vraie maison, et peut-être pas seulement pour moi, mais... »

Ah, il était trop tôt pour rêver aussi loin.

Rêver de choses ne les amènera jamais. Les gens qui m'avaient connu m'avaient toujours attribué le mérite de ma détermination obstinée dans de mauvaises activités. J'ai décidé de tester la force de ma détermination en l'appliquant à une meilleure fin.

Dès que mon mentor s'est assuré que mes revenus provenaient de la pratique de mon système uniforme de culture physique, dont le seul bénéficiaire était l'inventeur et le professeur, elle m'a déconseillé cette pratique et m'a dit d'y mettre un terme.

Cela m'a mis face à face avec mon expérience la plus nouvelle. Je cherchais du travail : du bon travail, honnête et dur.

Ma chance m'a surpris.

Quelques mois seulement s'étaient écoulés depuis le début de ma transformation, mais elle avait été remarquée par des hommes que je croyais indifférents à mon sort.

Je peux dire, avec toute la conviction possible, que si un homme décide sans compromis de faire le bien, il trouvera des amis, tous prêts à l'aider, parmi ceux qu'il s'attendait à n'être que de simples connaissances. Et autre chose. J'affirme aussi — et cela ne m'a jamais été démenti — que l'homme qui veut vraiment travailler peut toujours le trouver, amis ou pas d'amis. Le problème, c'est qu'il n'est pas toujours facile de trouver un emploi « approprié ». C'est ce manque de travail « convenable » qui envoie les hommes dans les pensions de Bowery, là pour se maintenir en cols et manchettes hauts en mendiant au lieu de salir leurs mains tendres par le premier travail qui leur est proposé.

J'ai commencé à faire mon tour et je n'ai eu aucune difficulté à trouver du travail. Heureusement, c'était du genre – à mon avis – « approprié ».

Je suis allé travailler sur l'un des quais des bateaux à vapeur en tant que bagagiste - parfois appelé affectueusement « écraseur de bagages ». Le salaire était de huit dollars par semaine, ce qui représentait une somme inférieure à ce que j'avais souvent « gagné » en une nuit lorsque j'étais employé aux plongées.

Lors de mon premier jour de paie, ces huit dollars m'ont été racontés d'innombrables fois, non pas parce que j'étais mécontent de la petitesse de la somme, mais parce que je me sentais bien, vraiment bien, d'avoir enfin gagné le salaire d'une semaine par un labeur honnête. Chacun de ces projets de loi avait sa propre signification pour moi.

Mon professeur était au courant de mon nouvel emploi et, avec mon premier salaire, je lui ai acheté un petit cadeau. Cela me donnait aussi un prétexte pour lui expliquer mes projets d'avenir.

Une grande partie de son temps avait été consacrée à moi et je devais toute ma nouvelle vie à son effort. Elle prétendait avec insistance que tous ses efforts n'étaient qu'une petite récompense pour la faveur que je lui avais faite, et qu'en outre, son devoir était de m'aider à prendre pied sur mon nouveau chemin de vie. Cet argument ne parvint pas à me convaincre, car ma faveur ne valait rien, et je comprenais sans peine que tout le bénéfice que je retirais de son travail incessant avec moi n'était inspiré par rien d'autre que le doux esprit chrétien qui dirigeait chacune de ses actions. J'ai insisté sur le fait que cela aurait été une contrainte pour moi de lui causer des ennuis et de la déranger plus longtemps, surtout lorsque j'avais un emploi stable, qui me donnait le temps et les moyens de suivre des cours du soir et d'étudier à la maison pendant mes heures libres. Je voulais la remercier, et ne pas être aussi visible là où, en raison des différences sociales, je sentais que je n'étais pas à ma place.

J'ai mentionné quelque chose à propos de venir du caniveau. Comme toujours, elle avait une réponse, et une réponse flatteuse, prête. Quant à la provenance du caniveau, elle expliqua que bien des pièces y tombaient et y restaient jusqu'à ce que quelqu'un les ramasse et, en les polissant un peu, les rende aussi bonnes qu'elles ne l'étaient jamais.

C'était exactement comme elle. Elle a toujours prétendu avoir trouvé en moi quelque chose de bon, quelque chose que je n'aurais jamais pu découvrir. Par contre, dès que nous avons repris les cours, elle a constaté que bien souvent son élève pouvait être très éprouvante.

C'est la science déchirante de l'arithmétique qui a causé le plus de problèmes, et même jusqu'à ce jour – mais c'est une autre histoire. J'avais l'habitude confirmée de m'embrouiller désespérément dans ma table de multiplication. En pataugeant dans le labyrinthe numérique, j'entendais juste un petit soupir et, levant les yeux, je voyais un cher petit front montrant les rides de résignation les plus rusées. C'est alors qu'une horrible méchanceté s'emparait de moi, et je faisais intentionnellement encore plus d'erreurs rien que pour voir ces yeux me reprocher ma bêtise. Je ferais aussi des fautes d'orthographe et de lecture pour avoir le plaisir d'être grondé de sa voix modulée.

Mon cursus scolaire durait maintenant depuis des mois et le début de l'hiver nous donna l'occasion de le développer. Les conférences gratuites du Conseil de l'Éducation ont été une aubaine dont nous avons rapidement profité. Presque tous les soirs, nous allions à Cooper Union ou dans une école publique où une conférence intéressante était annoncée. Certes, je n'ai pas eu au début un succès retentissant en tant que préposé. Je supportais les conférences illustrées, mais l'astronomie et l'économie politique sans images produisaient toujours sur moi un effet de berceuse et j'étais souvent au bord du ronflement. Tout cela a déçu mon professeur, mais ne l'a pas découragé.

L'été arrivait et mes connaissances en botanique étaient destinées à s'enrichir. Étranges sont les paradoxes du destin. Aucune classe n'aime les fleurs autant que les pauvres, et aucune classe n'en possède moins qu'eux. Ah, c'est pitoyable, vous dis-je, d'errer dans les rues habitées par mon peuple, et de ne jamais voir un coin de verdure, une oasis parfumée, dans cette étendue de matérialisme aride et sans joie. Il n'y a pas de temps pour les fleurs là-bas, où même les choux devant les épiceries miteuses semblent flétris et grillés, et où il n'y a pas d'autre mot d'ordre que : « Travaillez, travaillez, ou nous serons sans abri et affamés ». Cette seule pensée gouverne le cerveau de mes camarades avec une main de fer. Avec la fin de leur labeur quotidien, les soucis de leur journée ne sont pas terminés. Écoutez les discussions sur les perrons et aux portes des immeubles et vous serez témoin de bien des inquiétudes. Souvent, tous ces tracas mentaux ne sont pas nécessaires. Il n'y a aucun besoin réel, aucun danger menaçant. Pourtant, les pauvres trouvent un plaisir épouvantable à demeurer au milieu de leurs horreurs, et le roulement de leur organe de misère se déroule sur une chaîne sans fin.

Et je crois qu'il en est ainsi parce que la vie des enfants de l'East Side est éclipsée et privée de tout ce qui est cher aux désirs naturels d'un enfant. Chaque année apporte des améliorations. Des hommes et des femmes au cœur d'or travaillent comme des chevaux de Troie parmi les enfants des pauvres, et plus ils travaillent dur, plus ils sont appréciés par leurs protégés. Je ne peux pas me débarrasser de l'opinion selon laquelle l'aide aux enfants est la seule solution à nos problèmes sociaux. Apprenez-leur à être naturels - exploit difficile, à se hisser au-dessus de leur niveau intellectuel et non en imitant les modes et les modes des oisifs riches en tissus de mauvaise qualité que leur offrent des marchands sans scrupules, et nous aurons avancé des kilomètres plus près du objectif recherché par tous ceux qui aiment leurs semblables, non pas avec sentimentalité, mais avec intelligence.

Pourtant, malgré tout ce qui est fait, le regard nostalgique dans les yeux des enfants est toujours là, et je n'aimerais pas avoir le cœur de l'homme qui peut voir le souhait inexprimé dans le regard enfantin en regardant une fleur, peu importe à quel point il est décharné, puis riez-en comme d'un caprice de l'humour.

Ma connaissance des habitants du royaume des fleurs était extrêmement limitée. Mon professeur s'en était aperçu et s'était aussitôt mis au travail pour remédier à cet autre défaut de mon éducation.

Dès le mois de mai, nous avons commencé notre cours en plein air. Nous l'avons fait au moyen d'excursions. Cela ne me dérangeait pas que cet arrangement soit unilatéral et nous avons convenu de changer la gestion de nos visites guidées personnellement. Nous devions tous les deux travailler la semaine et ne pouvions nous adonner à nos excursions que le dimanche. Ainsi, lors d'une sortie, elle serait la directrice suprême et la dictatrice ; Moi, le suivant.

La franchise m'oblige à avouer que mes sorties nous conduisaient toujours dangereusement près de Coney Island, sinon tout à fait, mais on peut s'y amuser même là, car c'est là le même vieil océan, et le même air marin qu'ailleurs, et il appartient uniquement au visiteur de savoir comment passer ses vacances.

Les dimanches, j'étais toujours tenu dans l'ignorance quant à notre destination jusqu'à ce que nous l'atteignions. C'était invariablement un lieu de campagne tranquille, avec des coins , des ruisseaux et tous les accessoires charmants qui mettaient en scène la nature avec une beauté tranquille. Après avoir déposé le déjeuner dans un endroit ombragé, le professeur voyageait de fleur en fleur, d'arbre en arbre, et faisait de petits sermons sur les oiseaux, les fleurs et les minéraux. Il n'y a pas d'école comme la nature de Dieu, et d'une manière que je ne peux pas vous décrire, j'ai appris qu'il existait une vie riche en pureté, en compréhension des choses et basée sur la sagesse d'un Père sage. Pas à pas, mon fidèle professeur m'a guidé jusqu'à ce que je sois sans aucun doute en travail, jusqu'à ce que je puisse me tenir dans la rue, dans un champ ou dans une forêt et sentir mon âme, ma propre âme éternelle.

Il n'y a jamais eu d'autres jours comme celui-ci et, sûrement, il n'y en aura plus jamais.

Nous nous connaissions alors depuis longtemps. J'étais devenu capable de raisonner, et j'avais de sérieuses raisons de le faire. Était-ce pour le mieux ? Serez-vous surpris d'apprendre que la compagnie constante de mon mentor avait éveillé en moi des pensées très étrangères à la grammaire et à l'arithmétique ?

Je l'aimais. Je le savais, mais je sentais aussi que cet amour était voué à être enterré insatisfait. Un chat peut regarder une reine, mais c'est à peu près tout ce qu'un chat peut prétendre faire.

C'est ce que ma raison me disait, mais dans mon cœur résonnait un chant émouvant de l'espérance la plus tendre. Cela ne me laissait pas de repos et je suis devenu une nuisance pour mon professeur. Plusieurs fois par jour, je lui posais la question : « Pourquoi, pourquoi subissez-vous ce travail incessant, pourquoi vous fixez-vous cette tâche gigantesque de faire de moi un homme ?

Comme pour tout le reste, j'ai été rude et grossier dans mes questions ennuyeuses, et la réponse a été longtemps refusée. Mais ma ténacité de bouledogue m'est venue en aide et je ne lâchais pas. La détermination surmontera bien des choses, et sûrement un peu de professeur d'école. Je n'ai pas besoin de vous raconter comment cela s'est produit – soit vous le savez, soit vous le saurez vous-même – mais un jour nous avons compris la question et la réponse.

Alors, la vie est devenue pour nous une chose véritablement bénie. Pour la première fois de ma vie, j'étais extrêmement heureux. Je ne peux pas vous dire ce que ma petite fille a ressenti, mais je peux vous en donner une idée très précise, car ma bien-aimée n'a jamais hésité, ne m'a jamais déçu et a été la mienne jusqu'au tout dernier.

Ma Mamie Rose, mon épouse, ma plus chère amie, mon tout.

Il m'a fallu beaucoup de temps pour comprendre qu'elle avait vraiment dit « oui » à cette question toujours importante, mais, dès que j'en ai été tout à fait sûr, j'ai pris les grands airs de propriétaire que les nouveaux mariés prennent habituellement.

Tout d'abord, j'ai exercé ma prérogative de l'appeler par son prénom.

Bien que longtemps sous sa tutelle et exposé à son influence raffinée, je n'étais en aucun cas très poli et nourrissais encore de nombreux préjugés contre les coutumes et les usages peu communs au changement social dont j'étais issu. La nomenclature de mon peuple est très limitée. Les gens des immeubles d'habitation n'ont recours qu'à un très petit choix de noms de baptême masculins et féminins. John, James, Michael, Patrick, Henry, George, Charles sont les prénoms masculins les plus utilisés ; Maggie, Sadie, Susie, Lizzie, Nellie et Mamie sont les prénoms féminins préférés, ou, du moins, les abréviations préférées des prénoms.

Le nom, Marie R. Deering, me paraissait un peu trop à la mode, trop « tonique », et j'ai commencé à l'acclimater.

« Mamie » est l'abréviation ou le substitut de « Marie », c'est pourquoi ma petite fille a été immédiatement surnommée « Mamie ».

Le « R. » – l'initiale de son deuxième prénom, signifiait Rosetta, et il était décidément contraire au code d'éthique du Quatrième Quartier que quiconque soit accablé par une telle énormité. De nouveau, j'ai officié devant les fonts baptismaux imaginaires, et « Rosette » est devenue une simple « Rose », douce pour moi comme aucune autre.

Que personne ne pense un seul instant que mon changement de nom s'est fait sans opposition. En plus d'autres choses, les petites gens possèdent aussi la vertu de l'entêtement, et les arguments pour et contre étaient nombreux. On m'a dit avec une insistance des plus charmantes que je pouvais crier « Mamie Rose » à tout vent, mais qu'elle, Marie R. Deering, ne répondrait jamais – non, jamais – à ce nom. Mais vous connaissez le vieil adage selon lequel de nombreuses petites gouttes d'eau pénètrent à la surface de la pierre la plus dure, et la même chose était vraie dans ce cas. Aussi, il ne faut pas oublier qu'elle, ma Mamie Rose, était d'origine anglaise, j'étais de souche irlandaise, et c'est en Irlande que se trouve la pierre de Blarney, qui même insuffle une merveilleuse magie dans les amours de chaque descendant. des gens de la bonne Erin.

Nous avions à peine scellé le pacte de notre amour que je reçus un choc effrayant. Ma Mamie Rose voulait que j'informe sa mère de ce qui s'était passé.

Mme Deering et moi étions devenus de très bons amis. A plusieurs reprises, elle avait même été ma compagne de conspiration, en m'aidant à résoudre d'étranges énigmes de multiplication, imposées par sa fille. Je m'étais souvent assis à sa table et j'avais passé de nombreuses heures, rendues agréables par elle, dans cette maison confortable . Cependant, tout cela ne semblait pas suffisant pour mettre mon courage à la hauteur. Dans ma vie passée, j'avais affronté sans broncher de nombreuses situations particulièrement délicates, mais j'ai vraiment tremblé lorsque j'ai été obligé de faire face à cette douce dame avec mes informations et mes demandes prodigieuses.

Si j'avais tremblé de peur avant de lui dire, j'ai tremblé de joie après.

J'avais peine à en croire mes sens quand je n'entendais pas un mot de regret ou de reproche sortir de ses lèvres. Et lorsqu'elle a dit d'une voix calme et donc très impressionnante : « Je n'ai aucune crainte pour l'avenir de Marie », je suis immédiatement devenue son esclave et je me tiens encore aujourd'hui en esclavage avec elle.

Richard, mon courageux et infirme Dick – mon « autre » ami – a été très enthousiaste dans ses félicitations, mais il m'a avoué que c'était une raison égoïste, car j'étais désormais son grand frère « très sérieusement ».

Naturellement, tout cela m'a donné une impulsion accrue pour gagner plus d'argent, et j'ai mis tellement de zèle dans mon travail que mon salaire a été plusieurs fois augmenté. Néanmoins, je n'étais encore rien de plus ou de moins qu'un « briseur de bagages ». Cependant, tout cela, la cour et le reste, était tellement inhabituel qu'une petite chose comme celle-là ne nous inquiétait pas du tout. Et si l'on est un « écraseur de bagages », cela ne veut pas dire qu'il faille toujours le rester. D'ailleurs, cela ne dérangeait pas la reine, et quant au chat, eh bien, cela ne sert à rien de vous parler si vous ne pouvez pas imaginer ce que le chat en a pensé.

CHAPITRE XVI.

AMBASSADEUR BILL.

Celui qui a été quelque peu négligé dans les quelques pages précédentes est mon vieux copain, mon Bill. Son âme, son cœur, son instinct, appelez-le comme vous voulez, subissaient de sévères épreuves.

Mamie Rose en était la cause.

Avec son arrivée dans nos vies, elle a semé la jalousie entre moi et Bill.

Bill a trouvé une nouvelle joie à trotter aux côtés de mon professeur à des moments où il aurait dû être à mes côtés. Il semblait être le chien le plus fier du monde et daignait à peine me remarquer.

Cela me déplaît.

D'un autre côté, parfois, lorsque Mamie Rose et moi étions assis l'un à côté de l'autre, Bill ne pouvait se reposer jusqu'à ce que, malgré toutes ses prouesses, il se soit tortillé entre nous.

Pendant longtemps, il ne sut pas lequel de ses deux amis il aimerait le plus. Mais, au fil des semaines et des mois, il a décidé de partager son affection de manière égale, et nous avons alors compris les sentiments de chacun et respecté nos positions relatives.

Puissais-je jeter un coup d'œil dans le cerveau canin de Bill et lire le souvenir de ces jours paradisiaques !

Un homme né dans la grossièreté et la brutalité perdra parfois le contrôle de ses acquis. Vint un jour, longtemps pardonné et oublié par elle, mais pas encore suffisamment expié par moi, où je permis à la brute soumise en moi de s'affirmer pendant un bref instant. J'ai immédiatement vu ce que j'avais fait et j'ai réalisé que mon tapage ne pouvait être pardonné.

Puis ce fut une plongée dans les ombres les plus profondes. Regrets, reproches, auto-accusations, à quoi servaient-ils ? Ils ne pouvaient pas me ramener au paradis. La pièce devint un lieu de réflexion silencieuse, et moins régulièrement partagé par Bill qu'auparavant. Bill n'avait pris aucune part à notre éloignement. Chien émotif comme il l'était, il n'oubliait jamais de prendre soin du chien intérieur chaque fois qu'une opportunité se présentait. Dès le début, il avait travaillé assidûment à faire connaissance avec la mère de ma petite fille. D'abord, d'une modestie de plus en plus grande, il avait, au fil du temps, insisté pour être un invité régulier à table. Je voulais lui faire perdre cette habitude, mais la mère m'a dit en toute confiance que Bill lui avait murmuré très clairement : « Je pense que tu es le meilleur cuisinier du monde. Peu de femmes peuvent résister à un tel compliment.

Depuis deux longs jours, je ne l'avais pas vue, je n'avais pas entendu sa voix. Elle habitait juste au coin de la rue et, depuis la fenêtre de mon immeuble, je voyais les murs qui abritaient mon trésor, que je croyais à jamais perdu. Je me suis assis et je me suis assis et j'ai regardé les briques cruelles qui semblaient crier : « Arrêtez ! Il n'est pas étonnant que les petites choses de la vie aient perdu de leur importance à mes yeux ! Même Bill n'avait, pour le moment, que peu de place dans mes pensées ; mais il ne perdit pas de temps pour se faire remarquer avec force.

J'étais à la fenêtre et la porte légèrement entrouverte. Tout était calme, très calme, jusqu'à ce qu'un lent crépitement dans les escaliers annonce le retour de mon partenaire. Mon regard le plus désinvolte fut celui de sa part en entrant dans la pièce. Il avait très hâte d'en profiter et se dirigea rapidement vers les ombres abritées sous le lit. Mais mon regard insouciant s'était rapidement transformé en un regard inquiet en le voyant, et, après beaucoup de cajoleries, il rampa pour me faire face.

Mon vaillant chevalier avait rencontré son vainqueur. Le héros de maintes batailles était assis devant moi, blessé et bandé. Son œil gauche était enveloppé de lin. Il essaya de passer le sujet à la légère ; il remuait la queue, mais une seule fois, car il était également bandé. Puis il s'est jeté à ma merci.

Il m'appartenait, en tant que partenaire, d'enquêter sur l'étendue des dégâts et j'ai soigneusement dénoué le bandage qui couvrait son œil. Ce n'était qu'une égratignure insignifiante, ressemblant étrangement à celle d'un chat. J'ai également remarqué que son insigne d'honneur – son collier – manquait. Au moment de jeter le bandage, un mouchoir, mon regard tomba sur un monogramme bien connu dans son coin, et - je ne me souviens pas exactement comment cela s'est produit - mais, dans la minute suivante, mon Bill et moi descendions le escaliers branlants, deux marches à la fois.

Juste au moment où nous tournions au coin, un chat tigré à l'air belliqueux s'est fait extrêmement remarquer. D'une manière ou d'une autre, Bill préférait l'autre côté de la rue. À sa porte, il me rejoignit de nouveau, et l'ambassadeur de ma reine me conduisit à l'étage.

Là, je me tenais devant elle et balbutiais des phrases d'excuses grossières. J'ai mentionné le collier de Bill. Une main délicate le prit sur la cheminée et me le tendit ; nos doigts se rencontrèrent et le monde entier chantait à nouveau le doux refrain resté silencieux depuis des jours. L'impudence de ce chien dépasse toute description. Il eut le courage de revendiquer sans rougir tout le mérite d'avoir remis au diapason l'amour et, dans son enthousiasme, frappa trois fois sur le sol son appendice caudal endommagé avant d'essayer de le mordre.

Puis notre bonheur a recommencé.

CHAPITRE XVII.

MON DÉBUT EN SOCIÉTÉ.

Si nos projets d'avenir avaient dépendu de mes inclinations, ou plutôt de mes impulsions, notre mariage aurait eu lieu très peu de temps après nos fiançailles. Tout ce que je jugeais nécessaire pour assurer notre bonheur futur était notre amour. Tout le reste n'avait aucune importance. Maintenant, je sais que son jugement était meilleur.

J'avais assez de bon sens pour admettre sa sagesse. J'étais encore très empêtré dans la forêt de l'ignorance. Cela n'aurait pas pu être juste pour moi de m'imposer à elle, aussi raffinée et cultivée soit-elle, jusqu'à ce que, du moins, je sois à peu près au même niveau. Il me restait encore beaucoup, beaucoup à apprendre avant de me considérer capable de me classer parmi les non-illettrés. J'avais des années d'études devant moi, mais, avec un tel prix de danse devant moi, je me suis lancé dans ma tâche avec un véritable enthousiasme.

Ainsi, même si je me plaignais souvent de mon sort, je comprenais parfaitement qu'il me faudrait plusieurs lunes avant de pouvoir dire à juste titre à ma Mamie Rose : « Maintenant, je suis prête.

Nous étions tous les deux humains. Parfois, peut-être, à l'heure où le soleil revenait et où les ailes dorées étaient repliées pour le reste d'une nuit de plus, nous, Mamie Rose et moi, dans le calme des champs ou de la campagne, sentions le chant entonné à l'unisson de nos cœurs, qui nous chantaient que nous étions un, une unité, et non deux personnalités différentes, et alors nous étions souvent très près de rejeter toutes les résolutions sagaces précédentes et nous nous sentions enflammés par le désir de mettre fin demain à ces deux plier l'existence. Ces périodes ne duraient jamais longtemps. Le lendemain est venu et a chuchoté : « Imbéciles », et nous avons oublié les écarts par rapport à nos intentions, dans le dur labeur.

Depuis lors, j'ai eu de nombreux jours de travail très dur, mais je n'ai jamais travaillé comme je le faisais alors. Les entreprises n'ont pas l'habitude de payer des salaires libéraux à moins que chaque centime ne soit gagné à la sueur de votre front. Pour quelqu'un qui occupait ma humble position, je recevais des salaires extrêmement élevés et, pour être honnête, je devais les gagner grâce à ma sueur. On m'a souvent donné la possibilité de travailler « au fil du temps » moyennant un salaire supplémentaire. C'était toujours le bienvenu, car cela signifiait un ajout bien plus important à mon dépôt à la Caisse d'épargne, mais cela « m'a simplement joué un rôle ».

Du quai, je me précipitais chez Mamie Rose pour faire un rapport ou recevoir une leçon, même si parfois, outre les leçons, on discutait d'autres choses. Puis à la maison et à un autre travail.

J'avais quitté le grenier et pris une chambre d'où je pouvais voir le toit de Mamie Rose. Arrivé dans la chambre, Bill aurait droit à sa promenade et à son dîner, puis il serait autorisé à regarder son maître « s'instruire ». La Standard Oil Company devrait vraiment m'accorder une réduction. J'étais un bon client, mais je n'ai pas bénéficié de tous les avantages possibles du pétrole. Mon huile de minuit brûlait souvent le matin dans le seul but de projeter les ombres de l'étudiant endormi et de son chien.

Je rougis d'une profonde honte en faisant cet aveu ; Je m'endormais invariablement avec Ralph Waldo Emerson, alors que je n'avais aucune difficulté à rester éveillé avec Alexandre Dumas. Il ne s'agit pas d'une critique d'Emerson, bien qu'il puisse se permettre d'être critiqué par moi, mais, d'une manière générale, cela semble à quelqu'un d'aussi inexpérimenté que moi, comme si les vérités de la vie, de la pensée, de la science nous parvenaient. toujours sur des échasses. Je n'ai pas pu apprendre grand-chose des romans d'aujourd'hui et je suis, et serai toujours, obligé de m'appuyer sur de vieux amis pour me fournir l'échafaudage nécessaire à la structure plutôt maigre de mon éducation. Mais, même si je les aime beaucoup, j'aimerais souvent qu'ils soient mieux adaptés à ma compréhension.

Ainsi, avec les livres, le travail et les doux rapports avec celle que j'aimais, le temps marchait d'un pas ininterrompu et j'étais enregistré par moi avec le plus grand soin. Mes calendriers étaient des chroniques modèles du temps, et j'ai souvent souhaité qu'ils soient des hommes d'État pratiques, afin que, par les moyens habituels, ils puissent être accélérés.

À une exception près, rien n'est venu changer la teneur même de nos vies. Cette seule exception m'a laissé jusqu'à ce jour un goût particulièrement amer dans la bouche. J'avoue que je suis partial en la matière, mais je peux être honnête, et ainsi, pour être mieux compris, l'épisode sera relaté ici.

Tard un samedi soir, j'ai eu l'occasion de rendre visite à un de mes anciens amis, qui était malade sur un lit de camp dans un hôtel près de Chinatown. En rentrant chez moi, je suis passé devant l'entrée de Chinatown—Pell Street, qui commence au Bowery. Je venais de saluer quelques-uns des hommes qui flânaient devant la maison de Barney Flynn – le palais du roi de Bowery – lorsque j'ai été salué par quelqu'un .

J'ai regardé autour de moi et j'ai vu un groupe de touristes venir dans ma direction. Je n'avais plus affaire à ce genre d'affaires et comptais continuer mon chemin sans y prêter aucune attention, mais je fus appelé nommément par l'un d'eux, dont la voix m'était familière.

"Que veux-tu?" Ai-je demandé et je me suis arrêté.

"Qu'est-ce qu'il y a, Kil ? Tu ne te souviens plus de tes amis ?"

J'ai regardé l'orateur et je l'ai retrouvé comme l'un de mes anciens élèves de la filière culture physique. Dire son nom ne servira à rien et je dirai seulement qu'il avait été mon élève préféré et que j'avais cru qu'il existait entre nous une sympathie mutuelle. Pour éviter toute erreur, permettez-moi de dire qu'il n'avait pas été mon patient, n'étant ni trop gros ni trop maigre, mais qu'il avait seulement suivi un cours de boxe pour apprendre l'art viril de la légitime défense. Je ne l'avais jamais revu depuis la fermeture de mon système de culture physique et j'étais ravi de cette rencontre inattendue.

Il a insisté pour que, pour cette seule fois, et pour lui faire plaisir, je l'emmène, lui et le groupe de ses amis, à travers Chinatown et leur montre les endroits les plus intéressants. Ses amis venaient tous de l'extérieur de la ville, semblaient plus sérieux que le touriste moyen et étaient si forts dans leur persuasion que je ne pouvais pas refuser de leur servir de guide.

Au cours de notre voyage à travers les vieilles scènes de mes anciens jours, mon ancien élève s'enquit de mon bien-être actuel et fut très heureux d'apprendre que je m'en sortais par d'autres moyens que ceux que j'employais auparavant. Peu avant que je me sépare de lui, il m'a dit qu'il faisait très peu d'exercice ces derniers temps et qu'il souhaitait que je boxe avec lui de temps en temps. Je me suis moqué de sa proposition, je lui ai dit que je me considérais comme définitivement retraité, mais je n'ai pas jugé utile de lui dire la véritable raison de mon refus. Il n'a cessé d'augmenter les conditions dans lesquelles il était prêt à me payer. Je ne pouvais m'empêcher de penser à la façon dont le revenu supplémentaire augmenterait mon dépôt ; me rapprochant ainsi de la réalisation de mon rêve le plus cher, et après réflexion, j'ai accepté de lui rendre visite deux fois par semaine, le soir, pour « mettre les mitaines » avec lui.

Je l'avais appelé à plusieurs reprises avant de lui dire à quel point ma vie avait complètement changé. Mamie Rose n'y était pas en reste, et, rassurez-vous, mes récits de sa douceur, de son dévouement et de sa beauté ont été rendus dans les couleurs les plus éclatantes. Mon estime pour cet homme était sincère et je supposais que tout ce que je lui disais était reçu dans le bon esprit. Je ne suis pas bavarde, mais lorsqu'il s'agissait de parler de ma Mamie Rose, je ne connaissais aucune limite. Mon cœur brillait simplement d'amour et je ne me lassais jamais de la féliciter, qui était la plus vraie et la meilleure.

Mon homme n'a jamais omis de s'enquérir d'elle et lui a même envoyé quelques cadeaux par mon intermédiaire. Mamie Rose m'a mis en garde contre cela, mais c'était au-dessus de mes moyens et cela ajoutait à son charme, et je n'ai pas voulu l'écouter.

A la fin d'une de nos séances, mon ancien élève m'a adressé une invitation. Il avait parlé de moi à sa mère et elle avait très hâte de me connaître. À une certaine date, je devais passer chez sa mère – lui-même vivait dans un quartier de célibataires – pour y rencontrer quelques amis.

Dans cette invitation, Mamie Rose était également incluse. Je bouillonnais d'enthousiasme en lui parlant de l'honneur qui nous était dû. La manière discrète avec laquelle elle reçut mes nouvelles m'a déçu.

"Tu n'es pas content ?" J'ai demandé. "Est-ce que cela ne prouve pas que mon ami est de la bonne trempe et qu'il souhaite nous honorer, vous et moi, par cette invitation chez sa mère ?"

"J'aimerais pouvoir être sûr de cela," dit mon petit conseiller, "mais je crains que cette invitation, au lieu de nous faire plaisir, n'apporte tout le contraire."

"Oh, ma fille," cajolai-je, "Je connais cet homme et vous pas. Il est aussi bon que l'or et vous pouvez me croire que l'invitation a été lancée de bonne foi."

J'ai eu raison et, au jour fixé, nous avons envahi les quartiers les plus chics de la ville pour profiter de l'hospitalité de nos amis les houles.

Après avoir passé l'examen minutieux de l'homme à la porte, qui avait visiblement été prévenu de notre arrivée, nous fûmes conduits dans un salon. Le seul que je connaissais parmi les gens était mon ancien élève, qui s'est rapidement avancé pour nous saluer et ensuite nous présenter.

Malgré mon manque de familiarité avec les mœurs des classes supérieures, je vis d'un coup d'œil que la foule était impatiente et maintenant déçue.

Pour expliquer cette déception, je dois mentionner que mes vêtements consistaient en un costume noir de bonne matière et de bonne facture. Ma cravate n'était pas colorée à l'imitation de l'arc-en-ciel et je n'avais pas besoin de chercher un endroit convenable pour mes expectorations. Pour pousser la déception plus loin, j'ai agi contrairement aux attentes à table. J'ai négligé de porter la nourriture à ma bouche avec la pointe de mon couteau et j'ai oublié de plonger mon doigt dans la salière.

Ma Mamie Rose était, comme toujours, habillée de manière convenable et convenable, et se comportait avec un tact qui m'a fortifié pour ne pas laisser libre cours à mon caractère.

Avant d'entrer dans la salle à manger, les deux monstres du Bowery étaient au centre de toutes les curiosités. Les hommes m'entouraient, s'attendant à entendre des histoires choisies d'un certain genre qui, contrairement aux idées reçues, ne sont pas originales à Bowery, mais y sont apportées par ces pionniers d'une civilisation raffinée. Leurs visages se sont effondrés lorsque j'ai prouvé que j'avais définitivement échoué dans ce genre de narration.

Parmi eux, je n'ai pas oublié Mamie Rose, qui était le centre des chasseuses de monstres. Je comparais son équilibre, son naturel à la vivacité artificielle des dames du monde, et je la trouvai si admirable et suffisante, que je pouvais bien me permettre de rire des clins d'œil et des ricanements échangés dans son dos.

Une vieille femme, qui avec ses cheveux gris faisait une image respectueuse de la vieillesse, observait délibérément ma Mamie Rose à travers sa lorgnette, comme si la fille la plus douce d'ici ou d'ailleurs était une bête échappée de la jungle. Je ne pouvais pas supporter ça et je me suis dirigé vers ma fille. Mais elle sentit mon arrivée, se tourna vers moi et montra dans son regard la compétence nécessaire pour résister aux ricanements et aux insultes mal voilés de cette horde de ses sœurs.

Quelques minutes avant l'annonce du dîner, j'eus l'occasion de supplier Mamie Rose de nous faire partir.

"Je ne voulais pas venir, mais maintenant nous sommes ici et nous y restons", était son dicton plein d'entrain.

Le style cérémonial du repas et la conversation qui s'y déroulait ne m'impressionnèrent que très peu. Le vide, la superficialité et l'envie de « frimer » étaient trop palpables. Je n'avais pas encore atteint cette altitude de perfection sociale pour faire d'un repas la fonction la plus importante de ma journée de travail. Après que nous, messieurs (je crains de ne pas y être inclus), avons fumé et combattu les carafes, nous avons rejoint les dames dans le salon. L'un d'eux était visiblement « en train de me chercher » et m'a capturé dès mon entrée. On m'a conduit vers un canapé et là nous avons eu une conversation très, très sérieuse.

Elle m'a demandé ceci et elle m'a demandé cela ; si les plongées étaient vraiment aussi horribles que sur la photo ; s'il était tout à fait sécuritaire de leur rendre visite ; si je consentais à servir de guide, moyennant une généreuse compensation ; si j'avais déjà été témoin de scènes « intéressantes » sur le Bowery ; et... épargnez-moi de raconter le reste.

Mes réponses n'étaient pas celles souhaitées et, enfin, j'avais un échantillon de franche véracité.

"Savez-vous, M. Kildare," dit mon resplendissant compagnon, "vous êtes vraiment décevant en tant que type Bowery, et pas du tout le type divertissant que nous avions été amenés à croire que vous étiez."

"Je suis sûr que c'est plus la faute du temps que de moi", répondis-je. "Les années nous font souvent perdre nos qualités de divertissement et, aussi, notre attractivité."

Notre conversation sérieuse s'est terminée ainsi, mais c'était une femme étonnamment bien maquillée.

Enfin l'heure de notre départ arriva et je dis adieu. Notre visite ayant été plus ou moins un fiasco, un des amis les plus intimes de la famille choisit ce moment pour tenter d'éviter que le « divertissement » ne devienne un fiasco absolu.

"Je dis, Kildare", commença ce digne jeune homme, qui n'était sans doute pas au courant de mes précédentes performances dans l'exposition de mon caractère, "vous avez été dans le monde maintenant, et il serait très approprié que vous nous disiez votre impressions dans votre propre langue — remarquez, dans votre propre langue.

Pour une fois, les supplications dans les yeux de ma Mamie Rose n'ont servi à rien, et j'ai commencé à donner mes impressions dans « ma propre langue », ce qui s'est avéré suffisant et ne m'a pas obligé à emprunter la langue de quelqu'un d'autre. Mon cœur était aigri . Je me fichais d'un claquement de doigts de l'opinion de ces gens. Pour eux, j'étais un monstre. Ce qu'ils étaient, ce qu'ils sont pour moi, n'a pas besoin d'être écrit ici. J'aurais pu rire de tout cela et j'aurais été le seul à vraiment m'amuser. Mais penser que ces gens, fiers de leur bourse et de leur caste, devraient inclure ma Mamie Rose dans leur sport, me faisait couler le sang comme de la lave bouillante.

Je ne peux pas dire jusqu'où j'aurais pu aller dans mon emportement. La même petite main, qui avait toujours été mon guide, toucha mon bras et je la suivis dans le hall.

Avant notre départ, la mère et le fils sont venus nous présenter leurs sincères excuses. Ils étaient sincères, nous l'avons ressenti et accepté. Le fils s'est accusé d'avoir mal compris la situation, ce sur quoi j'étais d'accord avec lui. Nous avons été très gracieusement invités à dîner avec eux" fr famille ", quelques jours plus tard, mais alors que nous sommes partis dans la meilleure entente, l'invitation a été heureusement déclinée.

De nouveau dans les airs, sous le ciel de Dieu, nous avons marché en silence pendant un bon moment. Mais j'avais honte et j'étais prêt à entendre avec un calme parfait le "Je te l'avais bien dit" de ma Mamie Rose.

Mais cela n'est pas venu et j'ai commencé à répéter ma demande de pardon.

"Ma fille," suppliai-je, "ne me pardonneras-tu pas cette fois, et je promets de ne jamais———"

Avant que j'aie pu finir, mon pardon s'est accompagné d'un rire argenté, et le monde est redevenu très bien.

Moins d'une heure après cela, nous étions hors de la société et, aussi étrange que cela puisse paraître, nous étions parfaitement heureux. Ma Mamie Rose était occupée avec ses devoirs scolaires, la mère prenait un repos bien mérité, essayant peut-être de faire une petite sieste dans la chaise à bascule, et le petit bonhomme et moi courions autour des lieux au rythme de "The Rocky". Road to Dublin", chanté - permettez-moi de l'appeler ainsi - par moi sur des tons qui ont fait trembler les chevrons.

Au cours des douze derniers mois, j'ai été honoré à plusieurs reprises par des invitations à des fonctions de l'ensemble supérieur. Ils ont été étendus dans un esprit différent du premier, mais je ne voyais pas clairement comment les accepter.

Je tiens à dire avec insistance que je ne suis pas de tendance anarchiste ou nihiliste. Nous avons tous du pain sur la planche, et mon travail n'a pas pour but de susciter des explosions émotionnelles de charité dans les salons des cercles supérieurs.

CHAPITRE XVIII.

LE VOYAGE À LA MAISON.

Le temps a passé, apportant avec lui beaucoup de choses que je recherchais. Devenir un érudit, un scientifique, n'a jamais été mon désir et, très probablement, cela aurait été impossible si je l'avais souhaité. Ce que je voulais, c'était pouvoir comprendre, acquérir un bon équilibre mental, puis pouvoir utiliser au mieux les connaissances acquises.

Avec le changement de ma vie, un changement d'objectifs s'était également produit et, comme dans l'ancienne vie, je m'efforçais de réussir dans la nouvelle vie. La meilleure façon de rendre une ambition possible est de la rendre raisonnable.

Je tâtonnais encore et encore, mais Dieu merci, j'avançais à tâtons. De l'obscurité qui m'entourait encore, je continuais à me rapprocher progressivement de la lumière. J'ai ressenti cela et cela m'a fait sentir que ma probation devait prendre fin.

Le succès sans économie n'est pas possible. Mon avancement matériel s'était poursuivi. J'avais de nouveau été promu et m'étais élevé bien au-dessus de la modeste position de « briseur de bagages ». Mon salaire était plus que suffisant pour mes besoins et mon dépôt à la caisse d'épargne s'était merveilleusement accru.

Les capitalistes sont proverbialement agressifs. Moi, étant membre de l'ordre, j'ai agi en conséquence et j'ai commencé à forcer les choses. Les femmes aiment être cajolées et encouragées, et j'ai fait ma part, car je savais que le résultat serait le même.

Avec l'accord de la mère, la date de notre mariage a été fixée au mois de février.

Une nouvelle période glorieuse commença.

Il restait plus de deux mois avant la date fixée à laquelle nous devions devenir mari et femme, et nous avons jugé nécessaire de nous informer sur plusieurs détails pratiques. Comme j'avais presque réussi à trouver un mentor pour la vie, nous avons convenu de suspendre nos tournées de conférences en soirée et avons passé la plupart de notre temps à errer de magasin en magasin.

L'heure des achats d'articles ménagers n'était pas encore venue, mais Mamie Rose semblait ravie de regarder les vitrines des magasins. Parfois, nous allions même jusqu'à entrer dans un magasin et fixer le prix des marchandises. C'est alors que mon admiration pour ma petite fille grandit encore.

J'avais reconnu depuis longtemps que le bon sens ne m'avait qu'une très petite part, et c'était une splendide leçon de choses que de voir ma Mamie Rose traiter avec les commerçants. Calme et sereine, elle écoutait les paroles douces, puis agissait selon son propre jugement, qui était toujours judicieux. Je ne connaissais alors rien de la sagacité des acheteuses.

Un soir, j'ai tenté de montrer un peu de ma sagacité commerciale. J'ai choisi un mauvais sujet sur lequel m'entraîner : les diamants. J'entends encore ses mots résonner dans mes oreilles. Comme il était insensé de la part des pauvres de se priver et de s'affamer pour imiter les gens tape-à-l'œil en portant des bijoux achetés au détriment de quelque chose de plus utile. Les diamants et les bijoux étaient souvent le moyen de rendre plus visible l'ignorance de ceux qui les portaient. Une femme qui porte des bijoux sait qu'elle a besoin d'autres attraits que ceux que lui donne la nature.

Ici, j'ai eu le meilleur de ma Mamie Rose.

"C'est peut-être vrai, mais néanmoins, je vais t'acheter une bague, ma fille," dis-je très sérieusement.

"Non, tu ne le feras pas, parce que tu sais que je n'en veux pas, et cela ne ferait que m'offenser si tu m'en donnes un."

"Quoi?" rétorquai-je en jouant mon rôle à la perfection. "Ne me permets-tu pas de t'acheter une bague pour ce jour de février ?"

"Oh, c'est différent, et... pourquoi ris-tu, Owen Kildare ?"

Oh, ma fille, ma fille, pourquoi fallait-il que ce soit le cas !

Le jour n'était qu'à quelques semaines.

* * * * *

C'était en janvier et nous faisions une de nos promenades nocturnes dans le quartier commerçant. C'était une de ces douces soirées d'hiver qui rendent notre climat si inégal. J'en étais contente, car ma Mamie Rose était une petite créature délicate et délicate, et les soirs froids, j'avais peur qu'elle ne souffre du mauvais temps.

Nous regardions des meubles exposés dans une vitrine, lorsqu'une averse tomba. Nous y étions carrément pris. Je voulais qu'elle se réfugie dans un magasin, ou du moins près d'une porte, mais nous n'étions qu'à une courte distance de chez elle et elle a insisté pour y arriver avant que la douche ne se transforme en averse.

J'avais un gros pardessus par-dessus un gros vêtement. "Laisse-moi au moins mettre mon pardessus sur tes épaules", ai-je insisté.

"Non, espèce d'idiot, non," rit-elle en réponse. "Eh bien, nous ne sommes qu'à un pas de chez nous, et je suis habillé assez chaudement pour risquer ces quelques chutes."

Pour une fois, ma Mamie Rose s'était trompée et c'était le "une fois" qui comptait.

Mes appréhensions furent nombreuses lorsque je la laissai chez elle, mais elle m'assura qu'elle ne risquait pas de ressentir les effets de l'humidité.

J'ai appelé le lendemain soir.

Elle était restée au lit toute la journée.

Bien sûr, ce n'était rien. « Juste un petit rhume », c'était tout, mais le début de la fin était arrivé.

Elle s'est moquée de nos peurs.

"Eh bien, je serai debout et à peu près comme d'habitude demain."

Demain! Demain se multipliait en semaines effrayantes et effrayantes. Oui, pendant des semaines, elle s'est attardée péniblement sur son lit, et j'ai été émerveillé par l'esprit héroïque de ma petite fille.

La faiblesse augmenta jusqu'à ce qu'elle ressemble à une délicate statue taillée dans l'albâtre.

C'était seulement un peu plus d'une semaine avant la date fixée pour notre mariage. Le médecin sortit de son lit et me fit signe de le suivre dans la pièce voisine.

Vous savez ce qu'il m'a dit et vous savez que je ne l'ai pas cru.

"La fin approche ? Pshaw, quelle absurdité ! N'y avait-il pas un Dieu aimant et miséricordieux au-dessus de nous ?"

Je ne pouvais pas nier les preuves dont je disposais. Son état empirait chaque jour, mais je ne pouvais pas, je ne voulais pas croire cela, ce que même sa mère avait accepté avec résignation.

Et la semaine prochaine, nous devions nous marier !

Des sorts sont survenus, au cours desquels la raison l'a quittée, mais dans tous ses moments de conscience, elle m'a parlé avec la sagesse d'un autre monde et m'a alors laissé son héritage d'amour le plus pur et le plus divin.

Puis vint le jour !

Le soleil de l'après-midi était bas lorsqu'elle m'a demandé de la soulever jusqu'à la fenêtre. C'était un quartier humble, dépourvu de tout pittoresque. Tout ce que nous avons vu dans les derniers rayons du soleil, c'était une petite fille sur le trottoir d'en face, jouant avec un chaton. L'image était très simple, mais ma bien-aimée la regardait avec un intérêt souriant jusqu'à ce que sa petite tête fatiguée tombe sur mon épaule.

Elle était si légère qu'on savait à peine qu'il y avait quelque chose dans ses bras, et sans perturber sa position de repos, je l'ai ramenée sur son canapé. De retour dans son lit, nous nous sommes serrés la main, comme le font les amants insensés, et, toujours confiant, toujours espérant, bercé par le calme et son sourire heureux, je me suis endormi.

Soudain, je me suis réveillé.

Sa main n'était pas dans la mienne. Sa mère, en pleurs, s'agenouilla près du lit.

"Pourquoi--?"

Je compris, et au même instant l'édifice qu'elle élevait avec tant de soins infinis ébranla jusqu'à ses fondations.

En un clin d'œil, j'étais redevenu mon ancien moi. La brute, si longtemps maîtrisée et en partie apprivoisée, surgit en moi avec fureur.

Je les ai chassés de la pièce. Personne, à part moi, n'y avait droit. Et alors, seul avec elle, je me réjouissais de mon chagrin, ou je me mettais en colère.

Là, sur le dôme au-dessus de nous, se trouvaient tous les orbes scintillants, dont elle m'avait appris qu'ils étaient des preuves rayonnantes de Dieu.

Quelle moquerie !

Je me suis précipité vers la fenêtre et, en hurlant de délire, j'ai brandi mon poing vers la lune et les étoiles et j'ai maudis la Puissante Présence.

Puis vint un intervalle.

Pendant un moment, j'étais cool et j'ai réalisé.

Son âme s'était envolée vers les royaumes d'en haut.

Seul avec elle, je suis resté assis pendant des minutes, des heures, des éternités, semblait-il, et chaque charmante caractéristique de ma Mamie Rose est devenue gravée à jamais dans mon esprit et mon cœur. Ma main droite reposait sur la sienne, ma gauche pendait immobile à mes côtés. Quelque chose frottait contre lui. C'était Bill, et tout ce qu'il avait été pour moi était oublié. Personne, pas même lui, n'y avait droit.

La bête s'enflamma de nouveau et, pour la première et dernière fois, mon Bill ressentit la force brutale de ma colère. Il revint d'un air de défi du coin où il avait atterri et exprima sa revendication valable :

"J'ai un droit ici, Kil . Tu l'aimais, moi aussi, et je peux comprendre ton chagrin."

Je l'ai laissé rester, et pendant cette nuit amère, l'homme et le chien ont veillé silencieusement près du cercueil de celle qui les avait aimés tous deux.

J'avais peut-être eu tort de profaner la chambre silencieuse par la présence de mon Bill, mais je sais qu'elle l'aurait approuvé : nous étions tous les trois des camarades honnêtes et carrés.

Avec l'arrivée du même soleil dont elle et moi avions observé le départ il y a seulement quelques heures, des pensées plus saines et plus saintes sont venues. Un message semblait me flotter de ses lèvres sacrées.

Je me suis agenouillé et j'ai prié : « Que ta volonté soit faite. »

* * * * *

Épargnez-moi de vous dire où, comment et quand elle a été enterrée. Quelle différence cela vous fait-il de savoir qu'elle a fait son dernier voyage, pour ne jamais revenir en chair et en os ? Que nous l'ayons enterrée dans des montagnes de sa fleur préférée ou que nous l'ayons renvoyée dans la boîte en pin du pauvre, cela n'a aucune importance pour vous. Elle n'était rien pour toi, elle était à moi, toute à moi ; dans la vie ou dans la mort, sur terre ou au ciel.

* * * * *

CHAPITRE XIX.

L'HÉRITAGE.

Il n'y a pas grand-chose à dire de plus.

Le temps a aplani les bords irréguliers et je n'ai plus jamais osé comparer ma piètre sagesse à la Sienne. Pourtant, et il y a un pardon, il ne se passe pas un jour sans que l'on se pose la question : « Ce que j'ai appris vaut-il les frais de scolarité ?

Il est vrai que mes connaissances sont insignifiantes comparées aux vôtres, mais nous différons également par notre « d'où ».

Pour moi, tout cela est un miracle. Avant cela, je ne tâtonnais même pas dans l'obscurité à la recherche de lumière.

J'étais satisfait.

Maintenant, je sais au moins qu'il y a une âme, un esprit en moi, et qu'ils ont été donnés dans un but précis. Il y a des limites à ma compréhension, et pourquoi, alors que les portails d'une vie meilleure s'ouvraient lentement à moi, mon petit guide tombait épuisé sur le seuil, c'est maintenant un mystère pour moi, mais il y aura un jour une réponse.

Peu de temps après les funérailles, la mère et le petit frère se sont rendus dans l'Ouest chez le fils aîné pour établir avec lui leur future maison. Il ne restait plus que Bill et moi.

Nous nous y sommes habitués avec le temps. Nous avions toujours eu les mêmes goûts et passe-temps, et nous trouvions des moyens de passer notre temps avec profit pour nous-mêmes.

Ici, là où nous vivons, il y a peu d'arbres et de fleurs, et même l'air est précieux. L'air est nécessaire, et Bill et moi avons conçu un plan pour le rendre aussi pur que possible dans ces circonstances.

L'agitation rugissante du Lower Broadway se transforme en silence de mort à la tombée de la nuit. Sur des kilomètres, à l'exception d'un gardien ou d'un policier, vous verrez à peine un être vivant. C'est là que Bill et moi profitons de notre agréable passe-temps. Une fois la journée de travail terminée, nous parcourons les rues tranquilles jusqu'à atteindre notre perron dans le canon sombre et béant des gratte-ciel. Nous ne parlons pas beaucoup ; il y a de meilleurs rapports sexuels.

D'où nous sommes assis, nous regardons le ciel et saluons le joyeux scintillement de nos amis scintillants. Puis, à travers les myriades dansantes de corps célestes, notre vision se fraye un chemin à travers les labyrinthes et ne s'arrête que lorsqu'elle voit l'esprit le plus aimé dans toute la splendeur de la demeure céleste. Chaque étoile reflète son visage en brillants, et derrière les voiles brumeux du sourire nuageux, ses yeux brillent radieusement. Bill et moi rentrons chez nous, pas seuls, ni tristes ni aigris, car nous avons passé des heures dans l'antichambre du paradis et avons appris une autre leçon au cours de cette nuit tranquille.

Le firmament et les étoiles sont pour nous tous ; leurs gloires brillent pour toute l'humanité. Vous, doux lecteur, apprendrez peut-être à les connaître – à les posséder – mais, hélas ! vous ne pouvez pas posséder mon projet de loi. Peut-être que vous ne vous soucieriez pas de lui. Il n'a jamais été beau, et maintenant il vieillit et ne sera peut-être pas pour vous un compagnon agréable. Mais il a parcouru avec moi le chemin de la vie ; il n'a jamais menti ; il a été loyal et fidèle, et il n'y a pas dans ce monde d'autre chien comme mon bon vieux copain.

Pendant quelque temps après le retour de ma Mamie Rose, j'ai été malade, mais j'ai trouvé ma position encore ouverte après avoir retrouvé la santé. Je n'étais plus aussi fort qu'avant, mais je ne voulais pas négliger mon travail, et, me surmenant, un accident me rendit définitivement incapable de ce genre d'emploi. J'ai dû me soumettre à une opération, qui sera répétée plus tard, et les frais de celle-ci, avec l'oisiveté longue et forcée, ont bientôt épuisé le reste de mes économies.

C'est alors que le vieux passé chantonna le lai du tentateur. Mais je ne fus que très peu de temps au bord du gouffre, d'où il aurait été facile de retomber dans l'abîme noir d'où je venais.

J'ai surmonté ma tentation et, depuis lors, je n'ai plus eu peur de revenir à mes anciennes voies de méchanceté. J'ai appris à comprendre la vie, à ressentir l'esprit et l'âme en moi, et je veux continuer, pas revenir en arrière.

Et en plus, il y a l'héritage de celle qui m'a enseigné et inspiré.

Certains qui approuveront ma détermination à continuer pourraient désapprouver les méthodes immédiates que j'ai employées.

Je devais aller travailler et j'ai été obligé d'accepter la première opportunité qui s'offrait à moi. Je suis devenu lave-vaisselle dans une cantine du centre-ville à trois dollars par semaine.

C'était un travail peu recommandable, mais c'était du travail et il me laissait le temps, le soir et le dimanche, de vivre dans mes livres.

Bill et moi étions de nouveau réduits au grenier. Cela ne nous a pas beaucoup affectés, car nous étions tous les deux d'humeur à ne pas nous soucier de la beauté de notre environnement.

Un jour, j'ai entendu dire qu'un homme que je connaissais voulait me voir pour me parler d'un meilleur travail, mais qui se trouvait aussi dans la file d'attente de la plonge. Il logeait dans une maison d'hébergement. Il n'était pas là quand je l'ai appelé et je me suis assis dans la salle de lecture pour l'attendre. Les tables étaient couvertes de journaux quotidiens fournis gratuitement par les gardiens du logement, et j'en ai pris un pour passer le temps.

C'était le Journal du Soir. J'ai parcouru les colonnes d'actualités et j'ai ensuite eu l'intention de laisser tomber le journal. La seule page qui ne m'intéressait absolument pas était la page des femmes. Autrefois, en effet, cela avait contribué à la construction de châteaux en Espagne, et les modèles de robes et de robes gaies avaient rendu nos « rêves devenus réalité » plus agréables, mais maintenant, tout était différent.

En jetant le papier sur la table, il s'est avéré que seule la page réservée aux femmes était en haut. Je ne l'ai pas lu, mais de temps en temps, mon regard parcourait la page d'un air décousu. Au bas, il y avait une légende en gros caractères : « Concours de véritables histoires d'amour du Evening Journal ». La légende était si visible que mon œil ne pouvait s'empêcher de la croiser à chaque fois que je regardais la page. Mon attente a été longue. Je n'ai pas eu envie de parcourir à nouveau les colonnes de l'actualité et j'ai finalement commencé à lire la Véritable Histoire d'Amour.

Ce n'était pas une mauvaise histoire, mais ses caractéristiques n'étaient pas très extraordinaires. Je l'ai terminé, puis j'ai soliloque.

"Si l'histoire de cet homme vaut la peine d'être imprimée, pourquoi pas la mienne ? Tout ce qu'il y a dans son histoire, c'est que lui et la jeune fille se sont disputés avant que le mariage ait finalement lieu. Aucun des deux n'a dû se sacrifier. est-ce un sacrilège de raconter l'histoire de ma Mamie Rose ? Ou bien cela n'inspirerait-il pas plutôt un plus grand altruisme à ceux qui aiment ?

J'ai discuté quelque temps avec moi-même de cette question, puis j'en suis arrivé à la conclusion que le souvenir de ma petite fille ne serait pas profané par le récit de l'histoire de notre amour. Aujourd'hui encore, je ne suis pas sûr d'avoir bien fait de céder à mon inclination. Peut-être ai-je agi de manière indélicate, mais d'un autre côté je ne suis ni raffiné ni cultivé, et les volontés de mon cœur sont généralement décisives dans une question de ce genre.

Je n'avais pas un bout de papier dans ma poche, mais j'ai vu un morceau de papier d'emballage jaune sur le sol. J'en examinai la propreté et, la trouvant assez propre, je commençai à écrire mon histoire. Les conditions étaient plutôt sévères pour un auteur amateur. L'histoire devait être racontée en moins de sept cent cinquante mots.

Après avoir écrit la dernière ligne, je me suis précipité vers le bureau du Journal du Soir, ne faisant pas confiance à la stabilité de mon impulsion. Un jeune homme très imposant a daigné recevoir ma contribution et, au lieu de la lire immédiatement, l'a jeté négligemment de côté.

"C'est une histoire pour le 'Concours'", murmurai-je d'une voix hésitante.

"Vraiment ? Je pensais que c'était un éditorial sur les positions relatives de l'Angleterre et de la Russie en Mandchourie. Quoi qu'il en soit, ne vous inquiétez pas, cela ne nous inquiétera pas. Nous n'avons rien à voir avec ce genre de choses. ; cela remonte à l'éditeur de la page femmes."

Si ce jeune homme avait pu lire dans mes pensées, il aurait été surpris de constater à quel point il était proche des ennuis. L'histoire de ma seule bénédiction appelée "truc" par ce jeune fouetteur !

Ce n'est que plusieurs mois plus tard que j'ai compris que le terme « trucs » signifiait tout et n'importe quoi, depuis un essai jusqu'à une blague de deux lignes.

Je crois fermement que j'ai été le premier acheteur du Evening Journal le lendemain. Je me suis tourné vers la page des femmes, mais je n'ai pas trouvé mon histoire. Le lendemain m'a apporté la même expérience, et j'ai alors eu la certitude que mes "trucs" s'étaient retrouvés dans la corbeille.

Le troisième jour, j'ai vu pour la première fois le nom d'Owen Kildare imprimé. J'avais gagné le prix et reçu mon chèque. Mon exaltation était sans bornes, et quand, au bout de quelques jours, des lettres pleines de sympathie me parvinrent, j'étais certain de n'avoir pas commis de faute en écrivant cette petite histoire.

Mes pensées ont trouvé quelque chose de nouveau à quoi penser. Si cette histoire, écrite dans des circonstances défavorables et sans aucune préparation, pouvait remporter un prix, pourquoi ne pourrais-je pas écrire d'autres histoires sur les hommes et les femmes que j'avais connus, sur les choses et les scènes que j'avais vues et que je vois encore ? Si, comme dans certaines histoires que j'ai lues dans des magazines réputés, les contrevérités et les fausses déclarations délibérées peuvent trouver leur place dans la presse, la vérité sur nous – les habitants des bidonvilles – mériterait sûrement également d'être publiée.

Mon esprit était plein d'incidents dont j'avais été témoin au cours des nombreuses années que j'ai passées en taudis et, sans aucune difficulté, j'ai écrit une histoire de la vie que je connais le mieux.

J'ai envoyé l'histoire au McClure's Magazine. Elle fut acceptée et en partie payée, mais me fut ensuite rendue parce que c'était un peu « trop vrai ». Je l'ai vendu trois jours plus tard au Sunday Press et le rédacteur en chef, M. William

Muller, m'a invité à devenir contributeur. L'invitation a été acceptée avec plaisir, et depuis lors j'ai écrit pour ce journal des nouvelles, des éditoriaux et des articles spéciaux, traitant tous de ma période particulière.

Au cours de mes relations avec la presse, j'ai beaucoup appris d'Andrew McKenzie, qui a succédé à William Muller comme rédacteur du dimanche, et qui ne s'est jamais lassé d'élaguer ma « copie » avec un soin bienveillant. Là aussi, j'ai rencontré l'un des hommes les plus remarquables que j'ai jamais eu le plaisir de connaître, Hilary Bell, qui, en plus d'être critique du journal, était un artiste et un littérateur de haut niveau, et si dévoué à son travail que le zèle avec lequel il a poursuivi ses études l'a amené à une fin beaucoup trop précoce. Brillante, fidèle, virile, Hilary Bell n'est plus, mais son souvenir vivra à jamais dans mon cœur reconnaissant. À l'automne 1901, le Sunday Herald publia un article intitulé « Comment être un gentleman avec dix mille dollars par an ». Il m'est arrivé de le lire et, pourvu que l'un possède les autres qualités, plus essentielles, j'ai pensé qu'il n'était pas difficile d'éviter de mourir de faim avec ce montant. L'histoire a été écrite dans un esprit de plainte, décrivant à quel point il était difficile d'être « quelqu'un » dans la société avec ce personnage. Ici, dans le Bowery et l'East Side, nous avons des gentlemen, même si certains peuvent en douter, et ils parviennent à conserver leur droit au titre avec bien moins de dix mille. Le contraste était si grand que je ne pouvais m'empêcher d'écrire à ce sujet et de le soumettre au Herald.

M. Dinwiddie, le rédacteur en chef du dimanche, m'a envoyé une lettre me demandant de l'appeler. J'avais intitulé l'histoire « Comment être un gentleman avec trois dollars par semaine ». Le rédacteur en chef a trouvé mon histoire un peu exagérée et il a fallu un certain temps pour le convaincre que la vérité n'avait pas été étendue. Mais finalement, l'histoire fut imprimée, et je la suivis d'autres histoires sur mon peuple.

En janvier 1902, M. Hartley Davis, rédacteur en chef du Sunday News, m'a invité à devenir un collaborateur régulier de ce journal. Le News a toujours été le journal du Quatrième Quartier, et vous pouvez facilement imaginer quel émoi il a créé parmi certains de mes anciens amis lorsqu'ils ont vu si souvent mon nom au bas d'un article. Dans les « pièces de devant » de nombreuses maisons modestes là-bas, j'ai vu certaines de mes histoires accrochées fièrement et encadrées à la place d'honneur sur le mur. Et cela m'a fait du bien. Pas tellement à cause de l'autosatisfaction, même si permettez-moi d'être franc et de dire que très souvent, lorsque je sais et sens que j'ai écrit une assez bonne histoire, je ne peux cacher ma fierté et ma gloire dans mon travail, car cela prouve que que tout n'a pas été vain - mais parce que cela montre que même ces pauvres gens que vous trouvez si vils, si démoralisés, sont heureux de le reconnaître avec sincérité, quand l'un d'entre eux réussit à gravir quelques marches sur l'échelle des choses utiles. la décence et la virilité.

Lors de ma connexion avec le Sunday News, j'ai eu une conversation avec Hartley Davis qui a été le point de départ de ce livre. J'étais de retour au bureau d'une mission et, après avoir fait rapport au rédacteur, j'ai fait quelques commentaires sur les scènes que je venais de laisser. Nous avons entamé une discussion sur les bidonvilles et Hartley Davis m'a félicité de m'en être échappé. Mon origine n'était pas connue de mes lecteurs à l'époque. Ce point a été accentué par Davis.

"Kildare, si les lecteurs du Sunday News savaient comment vous êtes passé du statut de vendeur de journal dans la rue à celui d'écrivain, ils auraient plus confiance en vos histoires sur votre peuple et en vous. Une chance a été offerte de vous et vous en avez profité. Quand à trente ans un homme est un dur à cuire, incapable de lire, et qu'à trente-sept ans il commence à gagner sa vie en écrivant, cela vaut la peine d'être raconté.

J'ai dit : "Ce n'était pas un hasard, c'était un miracle."

Il y avait une divergence d'opinion. Pour régler le différend et adopter la suggestion formulée, j'ai écrit mon article pour le Sunday News et j'ai été surpris de la réaction sympathique qu'il a suscitée.

Ci-dessous, vous trouverez une copie du résumé écrit par Hartley Davis lors de la publication de mon histoire :

NOUVELLES DU DIMANCHE DE NEW YORK.

2 février 1902.

UN ÉPITOMÉ DE LA CARRIÈRE D'OWEN KILDARE.

Qu'un homme puisse, avec l'aide d'une bonne femme, s'élever des profondeurs de la dégradation brutale à une virilité honnête et au respect des choses pures et saintes est une belle chose.

Qu'un homme atteigne l'âge de trente ans sans savoir ni lire ni écrire, puis, en quelques années, avec l'aide de cette femme et grâce à sa propre volonté et son énergie indomptable, acquérir une telle maîtrise de l'art d'écrire qu'il être capable de raconter une histoire telle que celle présentée ici est si étrange, si sans précédent qu'elle justifie l'incrédulité.

Owen Kildare est un vrai homme et c'est son vrai nom. Il est largement connu à Bowery, où il vit. L'auteur de cet article l'a connu lorsqu'il était barman dans le saloon de Steve Brodie et lorsqu'il était "videur" dans l'effroyable bar auquel il fait référence.

Son article est imprimé tel qu'il a été écrit, sans plus de révision que ce que recevrait la « copie » d'un écrivain formé moyen, et il a un pouvoir qui est rare de nos jours. Jetez un coup d'œil à ce résumé de sa vie et émerveillez-vous.

1864—Né rue Catharine. Orphelin dès son plus jeune âge et adopté par un couple sans enfants.

1870 — Devient vendeur de journaux dans le gang dont Timothy D. Sullivan était le chef et se débrouille tout seul.

1880 — Un « lanceur de bière » dans une plongée difficile à Bowery et un pugiliste. Sa capacité de combat et sa brutalité ont fait de lui un videur dans l'une des stations balnéaires les plus infâmes que New York ait jamais connues.

1894 — Rencontre la petite institutrice en la protégeant des insultes, qui lui apprend à lire et à écrire et qui fait de lui un homme. Il a abandonné le travail dans les clubs de plongée, où il gagnait soixante dollars par semaine, plus ou moins malhonnêtement, pour travailler huit dollars par semaine.

1900 — Décès de la petite institutrice un mois avant leur mariage.

1902 — De vendeur de journaux vendant le Daily News, il devient écrivain pour ce journal.

Dans aucune profession, les changements ne sont aussi fréquents que dans le journalisme, et peu de temps après la parution de mon article, je suis devenu écrivain au sein de l'équipe d'Evening World. Là-bas, j'ai « publié » une série de croquis sur la page éditoriale du journal. Ils ont été écrits dans un langage ressemblant beaucoup au véritable idiome du Bowery. J'ai appelé la série « The Bowery Girl Sketches » et leur approbation par les lecteurs a été extrêmement flatteuse.

Mon expérience en langage Bowery a attiré l'attention de William Guard, rédacteur en chef du Sunday Telegraph, qui m'a fait une proposition très favorable. Mes articles dans ce journal étaient écrits dans « l'argot » de Bowery, qui n'est pas du tout de l'argot, mais simplement le moyen d'expression primitif utilisé par mes collègues. Les histoires étaient signées de « The Bowery Kipling », un sobriquet que mon vieil et bon ami, John J. Jennings, de l'Evening World, m'avait donné. À aucun moment de mon travail pour le Telegraph, Kipling n'a eu « l'autre » occasion de me poursuivre en justice pour diffamation ou contrefaçon.

Cette expérience journalistique a été d'une grande valeur pour moi, mais ce n'est pas la carrière que je souhaiterais poursuivre pour le reste de ma vie. La récompense y est trop souvent la conséquence d'un accident, au lieu d'être la suite logique du mérite et de l'effort. La tension physique et mentale constante offre de nombreuses excuses pour les stimulants, et les journalistes absolument sobres sont rares. Comme dit précédemment, les changements sont nombreux dans les rédactions, et à chaque changement de rédacteurs, les staffs sont également inclus et obligés de décamper. Il ne semble y avoir aucune stabilité en matière d'emploi permanent, à moins qu'un contrat ne soit signé. Mais les contrats ne sont signés qu'avec les stars du journalisme et les "petits fretins" ont toujours peur et tremblent face à leur emploi. Pourtant, personnellement, tout au long de mon court séjour dans la presse , j'ai reçu de nombreuses gentillesses et courtoisies, et la scolarité a été appréciée et digérée par moi.

En janvier 1903, le Success Magazine m'a demandé d'écrire mon histoire pour cette publication. En préparant l'histoire, j'ai eu le plaisir de faire la connaissance de Hall Caine, l'éminent romancier de l'île de Man. Il a souvent fait l'objet de nombreuses critiques, mais, s'agissant d'un récit de faits et non d'un essai critique, je peux seulement dire que Hall Caine est un homme qui mérite d'être connu, et j'apprécie très hautement la lettre qu'il m'a envoyée après avoir lu l'histoire du succès en manuscrit.

Je joins ci-joint la lettre :

"Mon cher M. Kildare : J'ai lu votre histoire et j'en ai été profondément touché. Rien de plus vrai ou d'humain ne m'est arrivé depuis plusieurs jours. C'est une véritable transcription de la vie, et cette partie de celle-ci qui traite de la petite dame qui a eu une influence si grande et si ennoblissante dans votre vie, qui m'a fait monter les larmes aux yeux et fait vibrer mon cœur. Je n'utilise pas le langage de la flatterie lorsque je dis qu'aucun grand écrivain n'aurait honte de cela. véritable délicatesse et réserve avec laquelle vous avez abordé les passages les plus solennels et sacrés de votre vie.

" Ce fut un véritable plaisir pour moi de vous rencontrer personnellement, et aucune conversation que j'ai eue de ce côté de l'océan ne m'a ému à plus de sympathie. Je vous souhaite plein succès et je suis sûr qu'une vie telle que la vôtre a été, et un souvenir qui éclaire et solennise votre passé ne peut que vous conduire de force en force, du bien au meilleur.

"Qu'il en soit ainsi, ce sera mon souhait le plus sincère pour vous longtemps après que j'aurai quitté vos côtes américaines.

"Avec mes plus cordiales salutations, HALL CAINE."

L'histoire a été publiée dans le numéro de février de Success, et la réponse a été – je ne sais pas comment la décrire – stupéfiante, stupéfiante, oui, presque embarrassante. Plus de quatre mille lettres me parvinrent de toutes les régions du pays, et le rédacteur reçut des lettres de ministres l'informant que l'histoire avait été lue par eux en chaire à la place du sermon habituel. Mon cœur battait la chamade quand je voyais à quel point le miracle accompli par ma Mamie Rose au nom de Dieu avait ému beaucoup de monde, et j'avais encore une fois raison de remercier mon Créateur de me l'avoir envoyée, ne serait-ce que pour si peu de temps.

Par l'intermédiaire de M. Powlison, j'ai été invité à parler devant plusieurs branches du YMCA et, bien que mon discours et mon élocution soient très en désaccord avec les méthodes oratoires, l'histoire du miracle a prouvé une fois de plus que notre Dieu est le même Dieu, le Dieu de ancien et nouveau.

Je crois que je peux voir mon chemin devant moi. J'écrirai. L'éclat, l'élégance de la diction et un vocabulaire de choix ne se retrouveront pas dans mes récits et articles, mais la vérité est là, telle que je l'ai vue, telle que je l'ai vécue, et c'est quelque chose.

C'est dans cette direction que se situe mon ambition. Je veux être un écrivain avec un objectif clairement défini. Je veux dire la pure vérité sur les hommes et les choses tels que je les connais et les vois chaque jour dans les maisons des immeubles, dans ces demeures d'hommes sans amis et désespérés, dont beaucoup étaient autrefois aussi bons et respectables que n'importe lequel d'entre vous. Je veux consacrer ma plume, même si elle n'est pas douée, à leur service, afin que d'autres puissent connaître, comme je le sais, les lieux et les conditions où les êtres commencent à s'insulter contre leur Dieu et contre les hommes parce qu'ils se croient oubliés. Je veux montrer que souvent c'est leur cœur qui a le plus faim et non leur estomac, et je veux vous demander de croire qu'eux, ainsi que les autres, ne peuvent pas seulement ressentir la faim et le froid, mais qu'ils peuvent aussi aimer et désespérer.

Je sens qu'il y a du travail pour moi dans ce domaine, et j'ai l'ambition d'y réussir et d'en être digne, comme un témoignage vivant qu'une des filles les plus douces de Dieu n'a pas vécu et n'est pas morte en vain.

C'est l'histoire du miracle opéré par ma Mamie Rose.

LA FIN.

* * * * * * *